JN437928

타샤의 정원을 꿈꾸며

타샤의 정원을 꿈꾸며

초판 발행일 **2024년 3월 10일**

지은이 **김명숙**
발행인 **김미희**
펴낸곳 **몽트**

출판등록 **2012.12.20 제 2014-0000-38호**

주소 **안산시 상록구 화랑로 513 2층 24호**
전화 **031-501-2322** 팩스 **031-501-2321**
메일 **memento33@menthebooks.com**

값 15,000원
ISBN 978-89-6989-100-6 03810

타샤의 정원을 꿈꾸며

김명숙 수필집

봉트

「작가의 말」

겨울나무를 좋아합니다.
가진 것 다 내려놓고 당당하게 드러낸 나목의 선을 닮고 싶습니다.
겨울 산을 좋아합니다.
능선을 볼 수 있어 온전히 산을 볼 수 있기 때문입니다.

사람은 세 종류가 있다고 합니다.

원래 아는 사람, 가르쳐서 아는 사람, 가르쳐도 모르는 사람.

나이가 들어가면서 난 어떤 사람일까 자꾸 돌아보며 살게 됩니다.

2024년 3월

「목 차」

PART Ⅳ

PART Ⅴ

PART Ⅰ

아버지의 방

같은 옷을 입고
세월을 거슬러
다시 아이가 된 아버지들이
모여있다

하루 종일
배가 고프다고 떼를 쓰고
소리 지르고
노래를 한다

이젠 엄마도 아빠도
만날 수 없는 데
그 엄마, 아빠를 기다리며
하루를 사는 곳

몇 십 년 후
우리들의 모습
외로움에 지친
아버지의 방이 있다

천사가 내게 왔다

좋은 일과 나쁜 일은 친구처럼 함께 손을 잡고 오는 것 같다. 친정엄마가 유방암 판정을 받고 수술을 하는 날 며느리가 예정일을 앞당겨 첫아이를 출산했다. 친정엄마 수술실 앞에서 양수가 터져 태아가 위험해 수술을 한다는 아들의 전화를 받았다. 출산일이 얼마 남지 않았는데 하필이면 오늘 수술을 한다니 가볼 수도 없어 마음이 많이 불편했다. 그래도 다행히 며느리는 서운하다는 말 한마디 안 하고 시외할머니 수술은 잘 되었느냐 걱정을 한다. 첫아이라 많이 무섭고 힘들었을 텐데도 내색을 하지 않는 씩씩한 며느리가 고맙고 대견하다.

주변에서 손자, 손녀 자랑을 하면 자식보다 더 예쁠까하는 의문이 들며 나도 저럴까 싶었다. 결혼 5년 만에 태어난 손자 여름이(태명)는 우리집안에 25년 만에 태어난 아기였다. 보고 싶었지만 코로나로 인해 면회가 금지되어 며느리가 보여주는 사진으로만 아기를 볼 수 있었다. 사진을 보는 순간 알 수 없는 눈물이 났다. 나도 분명 첫아이를 낳았을 때 저리 예뻤을 텐데 그 기억은 없고, 사진으로 처음 만난 여름이가 표현할 수 없을 만큼 사랑스럽고 예뻤다.

1주일 만에 산후조리원에서 집으로 돌아온 며느리는 몸조리도 제대로 하지 못했다. 일한다는 핑계로 난 따뜻한 밥 한 끼를 제대로 해주지도 못했는데 아들과 며느리는 꼭 엄마, 아빠 시험을 보고 부모가 된 것처럼 아이를 잘 돌봤다. 가끔 들러 손자를 목욕시켜주고 보고 왔다. 하루라도 안 보면 너무 보고 싶고 아이의 얼굴이 아른거렸다. 자도 것도, 우는 것도, 똥을 싸는 것도 너무 신기하고 예뻤다. 더 큰 변화는 손자를 낳기

전에는 며느리가 예쁘면서도 우리 가족이라는 느낌보다는 뭔가 어렵다는 생각이 많이 들었다. 하지만 손자를 낳고 나니 며느리가 고맙고 그런 거리감이 없어지면서 진짜 가족이 된 것 같았다. 나만 그런지 아님, 며느리도 그런 생각을 가지고 있었는지는 모르겠다. 이런 생각이 드는 걸 보면 겉으론 아닌 척 했지만 내 자신도 가부장제도의 시어머니 기질이 내 어딘가에 있었던 것은 아닌가 싶다.

매일 손자를 보기위해 영상통화를 하고 대화의 주제는 늘 여름이로 시작해 여름이로 끝났다. 출생신고를 한 이름은 '하윤'이었지만 난 태명인 '여름'이가 좋아 우리가족은 모두 '여름'이로 불렀다. 백일 때까지 밤과 낮이 바뀌어 아들과 며느리가 힘들었지만 짜증한번 내지 않는 아들과 며느리를 보면 자식을 낳아야 어른이 된다는 옛 어른들의 말씀도 다시 한 번 되새기게 되었다.

친정어머니 생신 때에는 4대가 모여(친정어머니, 딸인 나와 남편, 며느리, 손자 여름이, 큰조카) 점심을 먹었다. 서먹했을 자리가 여름이의 재롱으로 웃는 자리가 되었다. 아이가 집안에 꽃이라는 친정어머니의 말을 들으니 여름이가 우리 집에 온 천사라고 생각되었다.

사는 것이 힘들어서, 돈이 많이 들어서, 자신의 일을 하기 힘들어서 결혼을 하고도 아이 낳기를 꺼려한다는 요즘 시대에 우리 며느리는 내년 1월에 둘째를 출산예정이다. 고맙고 감사한 일이다. 우리 집에 또 천사가 온다니…. 자신이 외동이다 보니 외로울 것 같아서 더 나이 먹기 전에 둘째를 낳기로 했다는 며느리가 너무 고맙다. 그 동안 아이를 키우며 일까지 하느라 힘들었을 텐데 한 번도 힘들다는 불평도 내색하지 않아 안쓰럽기도 하고 미안하기도 하다.

얼마 전에 친정어머니를 모시고 며느리, 손자, 동생 부부와 함께 1박 2일 강원도 여행을 다녀왔다. 여행지에서 만나는 사람마다 4대가 함께 여행을 한다고 부럽다는 말을 했다. 여행을 하는 동안 행복한 시간을 만들어준 건 손자 여름이었다. 우리 모두는 여름이의 재롱을 보고 웃고 행복했다. 집안에 아이가 있어야 웃음이 끊이질 않다는 걸 실감한 시간이었다. 1박 2일 동안 아이로 인해 좋은 이야기, 행복한 시간들만 있었다. 우리도 오래전엔 한 집안에 천사였을 것이다. 살다보니 천사에 본분을 잊고 어느 순간 천사였다는 것도 잊고 산다. 그래서 그 자식이 커서 결혼을 하고 부모에게 천사를 낳아 보내주는 것은 아닌가 생각된다.

이제 몇 달만 지나면 또 한명의 천사가 내게 온다. 겨울에 태어난다고 태명이 겨울이다. 겨울이는 내게 어떤 모습으로 찾아올지 벌써부터 설렌다. 천사가 한명도 아니고 두 명이나 찾아온 나는 분명 행복한 사람이다. 이런 행복을 오래도록 지킬 수 있도록 며느리에게도 두 천사에게도 존경받는 시어머니, 할머니가 되고 싶다. 그러기 위해서 오늘도 난 부끄럽지 않은 삶을 살려고 최선을 다한다.

많은 사람에게 행복을 안겨주는 천사가 우리 집 뿐 아니라 주변에도 많이 찾아왔으면 좋겠다. 출산율을 높인다는 것보다 아기는 한 집안에 행복을 가져다주는 천사이기 때문이다. 물론 아기를 키우는 데는 돈이 드는 것을 무시할 수는 없다. 하지만 돈보다 우선인 부모와 주변 사람들의 사랑이 아이를 키우는 것이라 생각된다. 돈은 필요조건이지 충분조건은 아니기 때문이다. 요즘 우리가 느끼는 빈곤은 상대적 빈곤이지 절대적 빈곤은 아니다. 우리보다 더 경제적으로 어려운 사람들도 아이를 낳고 키우며 산다. 그런 나라일수록 행복지수도 높다고 하는 걸 보면 아이는 천사가 맞다.

어쩌다 여름이와 산책을 하다보면 지나가는 사람들이 "아기다" 한마디씩 하며 예쁘다고 한다. 그러고 보면 주위에서 아기 보기가 이젠 힘들어진 것 같다. 이러다 여름이가 학교에 입학할 때쯤 아이들이 없어 도시에서도 폐교되는 학교가 많아지는 것은 아닌지 걱정이 된다. 환경오염뿐 아니라 여려가지 문제들이 아이 키우기 힘든 세상이라고 하지만 세상 모든 생명들은 강하다고 믿는다. 아주 오래전에도 힘든 시기는 있었고, 사람들은 그 힘든 시기를 잘 극복하고 지금까지 살아왔다. 새로운 생명이 우리에게 오고 자라고 있는 동안 세상 부모들은 그 자식들을 키우기 위해 노력할 것이다. 이런 노력들이 지속되는 동안 세상은 지속될 것이다.

어느 날 내게 천사가 왔다. 난 그 천사를 지키게 위해 오늘도 힘차게 하루를 시작한다.

겨울이가 왔다

2023년 1월 16일 겨울이가 내게 왔다. 18개월 차이로 태어난 둘째 손자. 터울이 많지 않아 걱정이 되었고, 손녀였으면 하는 바람도 있었지만 코로나로 인해 조리원 창을 통해 바라본 겨울이에게 한눈에 반했다. 어른들 말씀이 내리사랑이라고 첫째 여름이와 꼭 닮은 겨울이가 얼마나 예쁜지 눈물이 났다. 내가 아들아이를 낳았을 때도 분명 저리 예뻤을 텐데.

하지만 첫째 손자 여름이와 다르게 바쁘다는 이유로, 둘째 아이니 아들과 며느리가 잘 하겠지 하는 생각 때문인지 겨울이를 보러 잘 가지 않았던 것 같다. 그래도 겨울인 첫째와 다르게 잘 먹고, 잠도 잘 자고, 건강하게 자랐다. 며느리를 힘들게 하는 건 둘째인 겨울이가 아니라 동생을 시샘하고 어리광이 많아진 여름이었다.

하얀 피부, 생글생글 늘 미소 띤 얼굴, 며느리는 둘째가 긍정의 아이콘이라며 예뻐했다. 첫째 아이를 키우며 너무 힘들어서 걱정을 많이 했는데 둘째는 너무 수월하다며 다행이라고 했다. 엄마가 힘든 줄 겨울이도 아는지 잠투정도 안 하고, 칭얼대지도 않고 잘 크고 있다. 첫째 여름이가 동생 겨울 이를 시샘해서 가끔 때리기도 하지만 그건 너무 어려서 일거라 생각한다. 조금 더 크면 동생을 많이 사랑하고 서로 의지하며 잘 지내리라. 며느리는 외동딸로 자라서 그런지 요즘 젊은 사람들이 아이 낳기를 꺼리는데도 둘째를 출산했다. 그것도 전업주부도 아니고 직장을 다니면서 둘째 아이를 출산했으니 고맙고 대견하다.

가끔 아들집에 들러 일하는 며느리와 아들을 대신해 겨울이를 예방접종을 하거나 소아과에 데려갈 때가 있다. 오랜만에 보는 할머니임에도 얼굴을 잊지 않고 현관문을 여는 동시에 손을 흔들며 다가와 품에 안기는 겨울이. 이래서 나이 들면 손자, 손녀에 푹 빠져 지내는 것 같다.

지인 한분은 손자, 손녀가 예쁜 것은 책임은 없고, 예뻐만 하면 되어서 그렇다고 하지만 반대로 생각하면 아무런 조건 없이 할머니를 따르는 것이 더 많지 않을까 한다.

10개월이 되어 걸음마를 해서 깜짝 놀라게 하고, 형 여름이가 하는 것은 곧바로 배워 따라 하는 겨울이, 우유도 끊고 밥을 더 좋아하고, 무엇이든 잘 먹는 겨울이, 튼튼하고 건강하게 자라기를 늘 기도한다.

두 아들이 어렸을 때부터 일을 하느라 난 며느리처럼 일을 하면서도 아이들에게 헌신적이지 못했던 것 같다. 늘 힘들었고, 시댁에 일이 많았고, 아이들과 놀아주기보다는 겨우 엄마로서의 최소의 의무만을 했던 것 같다. 아들을 키울 때는 몰랐었는데 요즘 아들과 며느리가 여름이가 겨울이를 키우는 걸 보니 내가 많이 부족한 엄마였음을 반성하게 된다.

엄마라고, 어른이라고 늘 완벽하지 않은 것 같다. 그래서 여름이와 겨울이에게 잘 하려고 노력하게 된다. 그때의 부족한 엄마로서의 잘못을 반성하는 의미로 아들이 아닌 그 아들에게 갚으려고 한다.

겨울이는 형 여름이가 있어서인지 무엇이든 빨리 배운다. 언젠가 잼잼과 짝짜꿍을 가르쳐 주었더니 나만 보면 잼잼과 짝짜꿍을 한다. 아마도 할머니가 가르쳐 주었으니 잊지 않았다고 보여주는 것 같다. 또 그림책을 읽을 때도 형 여름이와 똑같은 자세로 앉아서 읽는다. 이래서 형이 모범을 보여야 하는가 보다.

우리 집엔 늘 여름과 겨울이 공존한다. 태명이지만 자동차를 좋아하는 첫째 손자 여름이와 궁정의 아이콘 미소천사 겨울이. 두 손자 덕분에 가족들이 모이면 웃을 일도 몇 배로 많아졌다. 지금처럼 두 손자가 늘 가족 곁에서 건강하고 웃음을 잃지 않고 자랐으면 좋겠다.

예전보다 살기가 좋아졌지만 주위에서 아기 보기는 힘들어졌다. 누구의 책임이라고 따져 묻기엔 "닭이 먼저냐? 달걀이 먼저냐"처럼 해답을 찾기는 쉽지 않아 보인다.

그러고 보면 여름이와 겨울 이를 내게 안겨준 며느리가 내겐 하늘이 보내준 천사다. 돈이 많아 풍요롭다고 아이를 행복하게 키울 수 있는 것만은 아니다. 아이를 키우는 부모와 주변이 아이를 사랑으로 키운다면 분명 그 아이는 잘 자랄 것이다. 사랑의 힘이 돈보다 강하다고 믿기 때문이다. 우리를 키운 것도 돈보다는 부모님의 사랑이기 때문이다.

내게 찾아온 겨울아, 많이 사랑한다. 할머니는 늘 네 옆에서 널 응원하고 지켜볼 거야.

며느리와 딸

가끔 드라마를 보거나 뉴스를 보면 고부갈등으로 인한 문제가 화두가 될 경우가 많다. 결혼을 앞두고 혼수문제로 파혼을 하기도 하고, 아들에 대한 기대가 많아 그 기대에 부응하지 않는 아들에 대한 원망이 며느리에게 화살이 되어 가기도 한다. 설마 요즘에도 그런 시어머니가 있을까? 하는 의문이 들기도 하지만 드라마는 그 시대를 반영한다고 하니 없다고 단정할 수도 없다.

시어머니가 교통사고로 입원을 하셨다. 많이 다치시지는 않으셨다고 내려오지 않아도 된다고 하셨지만 마음이 많이 불편했다. 매일 아침, 점심, 저녁 끼니때마다 안부전화를 했다. 병원에서 물리치료를 받고 있으니 걱정하지 말라고 해도 마음은 바늘방석이었다. 외출하실 때 택시를 타고 다니시라 했더니, 왜 버스를 타셔서 이런 사고를 당하나 하는 원망과 함께. 1주일 입원치료를 받으신 후 시어머니는 퇴원을 하셨고, 언제 아파서 입원을 하셨나하는 의문이 들게 바로 여행을 다니셨다. 일주일간 병문안을 다닌 동서도, 간병을 못해 마음이 불편했던 내 자신도 황당했다. 자식들이 자주 찾아뵙지 못한다고 시위를 하신건가 하는 의문이 들었다. 왜 난 일 때문에 못가는 것을 죄인처럼 전전긍긍해야만 했는지에 대한 서글픔과 함께.

시어머니는 같은 나이에 보통 어머니들보다 멋쟁이시고, 자식보다는 자신을 더 사랑하고 아끼는 분이시다. 그러다 보니 시어머니 자신은 편하실지 몰라도 자식들은 경제적으로 정신적으로 힘들다. 자식들의 경제적 사정은 생각지도 않으시고, 본인이 하고 싶은 것은 다하신다. 가끔은 내 자신도 친정엄마가 아니고, 시어머니라서 이렇게 힘든 것인가 하는 생각도 해본다. 부모가 자식을 키우는 것은 당연한 의무이지 성장 후 어떤 보상을 바라고 낳고, 기르는 것은 아니다. 난 내 자식이 크면 절대 그러지 말아야지 하는 다짐과 함께.

친정엄마가 한 번에 두 다리는 안 된다는 병원규칙을 깨고 두 다리 모두 무릎관절수술을 하셨다, 전신마취는 무섭고 힘들어 한 번에 수술을 해주지 않으면 안 한다고 고집을 부리셔 한꺼번에 수술을 하셨지만 수술실을 지키는 나와 동생은 혹 엄마가 깨어나지 못하시면 어쩌나하는 불안감이 몰려왔다.

친정엄마는 '걸어 다니는 종합병원'이라고 할 만큼 늘 병과 함께 사셨다. 젊으셨을 때는 위가 안 좋아 고생하셨고, 그 다음엔 교통사고로 다리를, 자궁암 수술까지 받으셨다, 이젠 건강해지시겠지 했더니 허리수술까지 받으셔 병원이라고 하면 멀리서도 돌아서 갈 정도로 싫어하신다.

세상에 많은 엄마들이 그러하듯 친정엄마는 자신의 몸이 아픈 것을 자꾸 감추신다. 그러다 참지 못할 때 말을 하니, 일찍 알았으면 치료가 쉬울 것도 꼭 어렵게 만든다. 난 그럴 때마다 아픈 엄마를 위로하기 보단 화를 내며 짜증을 낸다. 왜 일찍 얘기하지 않았느냐고, 자식들 힘들게 하냐고. 자식들에게 당당하지 못한 엄마에게 화가나 마음과 다른 행동을 하게 된다. 자신의 몸도 망가지는 줄 모르고 남편에게도, 자식에게도 희생만 하는 엄마가 안쓰러워 속상하다.

시어머니도, 친정엄마도, 며느리이며 딸인 내 자신도 모두 여자다. 그런데 왜 시어머니와 친정엄마를 대하는 태도가 이리 다르게 나타나는지 내 자신도 이해하기 힘들다. 요즘은 시대가 변해 친정엄마와 함께 사는 딸들도 많다. 하지만 아직도 내겐 시어머니와 친정엄마에게 느끼는 감정은 다르다. 시어머니나 시댁 어른들은 어렵고 불편해 내 감정이나 생각은 최대한 감추고 예의바르게 대하려고 노력하게 된다. 그러다 보니 힘들고 불편하다. 남편을 낳아주고 길러주신 분들이니 내게도 부모님과 같다고 생각하려 하나 그런 생각은 단지 생각일 뿐이다. 아마도 소설 '82년생 김지영'*이 많은 사람들에게 공감을 얻어 영화로도 제작된 것을 보면 아직도 나와 같은 생각을 가진 며느리들이 많다고 생각된다. 이 땅에 며느리들 생각이 며느리들의 잘못만은 아닐 것이다.

시어머니도, 시아버지도 이젠 돌아가셨다. 가끔은 시어머니와 함께 했던 시간들이 힘듦보단 그리움으로 다가오곤 한다. 하지만 그 그리움은 시간이 만들어 놓은 덧칠일 것이다. 아주 오래전 유교사상으로 인한 잘못된 관계가 지금까지 이어져오고 있는 것은 아닐까 생각해 본다. 같은 사람임에도 며느리와 딸일 때 왜 나는 다른 사람이 되는지 내 자신에게 묻는다. 나도 4년 전 시어머니가 됐다. 며느리도 나를 대할 때 내가 시어

* '82년생 김지영' 조남주/민음사

머니를 대할 때처럼 불편하고, 어려운지 묻고 싶다.

모든 면에서 멋진 시어머니가 되고 싶은 데 며느리에 눈에 어떻게 비춰질까?

아버지의 방(房)

“또 올 거지? 언제 올 거야? 나 집에 가면 안 될까? 침대가 아닌 따뜻한 온돌방에 누워봤으면 좋겠는데, 이젠 너 귀찮게 안 할 거야.” 나를 바라보며 말하는 아버지의 모습이 어린아이 같았다.

“또 오지 그럼, 그러니까 제발 선생님들 말 잘 듣고 계세요. 주위 어르신들과 싸우지 말고.”

그럼 빨리 일하러 가라며 손을 흔드는 아버지의 모습을 보는 순간 마음이 약해져 ‘우리 집으로 모시고 갈까?’ 하는 생각과 함께 ‘그동안 아버지가 나에게 어떻게 했는데’ 하는 원망이

동시에 머리를 스쳤다.

2년 전 동생이 아버지가 이상하시다고 말할 때 워낙 성격이 유별나셔 그러려니 했다. 하지만 시간이 지날수록 정도가 심해져 새벽이나, 밤늦은 시간에 전화를 해 동생이 아버지를 때렸다거나, 어머니가 아버지 몰래 남자를 만난다는 등 부끄러워 입에 담기도 어려운 말을 했다. 아버지 본인이 잠자는 시간을 제외하곤 끊임없이 전화를 해서 도대체 생활을 할 수가 없었다. 아버지로 인해 동생부부도 사이가 멀어지는 것이 아닌가 하는 생각이 들 정도로 올케에게도 막말을 하셨다. 본인 말이 옳다고 맞장구를 쳐주지 않으면 모두 세상에 둘도 없는 나쁜 사람으로 만들었다. 이해하려고 아무리 노력해도 도대체 이해할 수도 없고, 견디기 힘든 시간에 연속이었다.

부모이기에, 가족이기에 어찌할 수는……

동생과 함께 아버지를 모시고 가 검사를 받았다. 설마 했는데 의사로부터 치매진단을 받고 나니 앞으로 아버지와의 시간들이 막막했다. 치매 중에도 착한 치매가 있다는데 아버지는 폭력성 치매로 가족들과 주위사람들을 괴롭혔다. 가족들 모두가 힘든 시간을 보내다 동생과 의논해 요양병원으로 모시기로 했다.

아버지를 병원에 입원시키고 돌아오는 길, 동생과 난 서로를 바라보지 못했다.

“아버지 이젠 살아서는 못 나오시겠지?” 하는 동생에 말에 머릿속이 하얘지며 다리가 후들거렸다. 말을 하는 동생의 얼굴도 눈물로 얼룩져있었다. 아버지를 많이 미워해 당연하게 병원에 입원하셔야 한다고 생각했는데…… 내가 아버지를 다시는 집에 못 오시게 버려두고 오는 것 같아 죄책감이 앞섰다. 모두가 살려면 어쩔 수 없는 선택이었다고 스스로에게 위로해도 마음이 편치 않았다. ‘사람들이 말하는 현대판 고려장’인가 하는 생각도 들었다. 다달이 돈만 내면 바쁜 자식들을 대신해 늙고 몸이 불편한 부모들을 보살펴 주는 곳.

가끔 아버지를 찾아간 병원은 깊은 동굴에 들어온 듯했다. 무표정으로 자신들의 생각에 빠져 있는 아버지와 그곳에 계신 어르신들 모두가 정지된 화면 속 인물 같았다. 행여 있을지 모를 어르신들의 밖에 출입을 막기 위해 누군가 열어주지 않으면 열리지 않는 문, 일반 엘리베이터와 다른 버튼 누름방식 등. 병원은 세상과는 또 다른 세계였다. 또 아버지를 보고 돌아서는 나를 바라보는 어르신들의 눈빛이 너무 간절해 내가 나쁜 짓이라도 하다 들킨 것처럼 죄스럽고 발걸음이 무거웠다.

의술이 좋아지고, 삶이 풍족해지면서 주변을 보면 예전보다 어르신들이 많아졌다. 이런 고령화 사회를 나타내기라도 하듯 거리를 지나다 보게 되는 많은 요양원과 노인병원이 나와는 상관없는 줄 알며 살았다. 친정아버지, 어머니, 시 어머니 모두 건강하신 편이라 별 관심도 없었고, 저리 많은 요양원과 노인병원이 운영이 제대로 될까 하는 의문을 가졌다.

친정아버지도 늘 건강하실 줄 알았다. 또 그렇게 사시다 내 곁을 떠나실 줄 알았다. 자식들이 있는 데 요양병원에 누워서 마지막을 보내실 줄 몰랐다.

'요즘은 모두 자식들이 모시지 않고 요양병원에 모신다고, 다 바쁜데 누가 집에서 모시느냐고?' 스스로를 합리화시켜보지만 마음이 편치 않다.

사람은 누구나 나이를 먹고 늙는다. 하지만 이렇게 요양원이나 요양병원에서가 아닌 좀 더 아름답게, 깨끗하게, 다른 사람에게 피해를 주지 않고 살다 죽음을 맞이할 수는 없는지 의문이 든다. 그러고 보면 요즘 이슈가 되고 있는 웰다잉법*이 하루빨리 시행되어 마지막을 잘 마무리할 수 있어 어르신들이나 가족들 모두가 죽음을 잘 맞이했으면 한다.

친정아버지를 보며, 몇십 년 후의 내 모습을 보는 것 같아 무섭다. 누가 치매에 걸리고 싶을까? 자신만은 치매에 걸리지 않는다고 장담할까? 병원에 계신 어르신 모두가 그렇게 자신의 삶에 최선을 다해 사셨을 거고, 자신이 치매에 걸려 요양병원에서 남은 생을 보낼 거라고 생각도 하지 않았을 거다. 그러다 어느 날 예고도 없이 치매가 찾아오고, 고칠 수 없는 병이 찾아와 자식들과 떨어져 홀로 외로운 싸움을 하고 계신다. 의식이 없다가도 가끔 의식이 돌아오면 얼마나 외롭고 무서울까? 자식들에 대한 배신감은 얼마나 클까?

세상 많은 아버지의 방은 함께 있어도 외롭고 서러운 방이 아닐까 한다. 함께 있어도 혼자인 방, 함께 누워 있어도 서로를 바라볼 수 없고 이해할 수 없는 방. 이제는 그런 아버지의 방이 없어졌으면 한다.

* 웰다잉법이란?

건강하고 행복한 삶을 추구하는 웰빙(Well-being)과 죽음(dying)의 합성어로, 회생 가능성이 없는 환자가 자기의 결정이나 가족의 동의로 연명치료를 받지 않을 수 있도록 하는 법이다. 정식 명칭은 '호스피스 · 완화의료 및 임종 과정에 있는 환자의 연명의료 결정에 관한 법'으로 2016년 1월 17일 통과되었다. 이를 계기로 회생 가능성이 없는 환자에 의한 본인과 가족들의 고통을 고려해 진통제 투여, 영양·물·산소 공급을 제외한 심폐소생술, 혈액 투석, 항암제 투여, 인공호흡기 착용 등 네 가지의 연명 치료를 중단함으로써 품위 있는 죽음을 선택하도록 한 것이다. 웰다잉법이 시행되기 위해서는 환자가 연명의료 중단 의사를 직접 표시하고, 담당의사가 확인해야 하며, 환자가 의사능력이 없을 때는 가족 2인 이상의 진술과 의사 2인의 확인이 필요하다.

봉래사에 그녀가 산다

살다가 마음이 힘들면 그녀를 찾는다. 40여분 차로 달리다 보면 가는 동안 마음이 차분해지고, 그녀를 만날 수 있다는 생각만으로도 설렌다.

화성시 우정읍 화수리, 소나무를 병풍처럼 두르고, 앞엔 초록의 논을, 뒤편엔 2차선 도로를 끼고 도시의 섬처럼 봉래사가 있다. 그 섬에 내 십 대의 꿈들을 오롯이 간직하고 있는 여고시절 단짝 그녀가 산다.

결혼 전 헤어져 그녀를 다시 만났을 때 우린 서로를 바라보며 어색해했다. 반말을 해야 할지, 존댓말을 해야 할지, '스님'이라 불러야 할지, 이름을 불러야 할지 많이 망설였다. 그녀도 나와 마찬가지로 고민을 한 것인지 어색한 말로 반가움을 표현했고, 우린 반말도 존댓말도 아닌 어색한 대화를 했다.

그렇게 우린 오랜 시간을 거슬러 다시 만났다. 결혼 후 두 아이를 낳고 키우며 생활해 온 나와 달리 그녀는 여고시절 맑은 눈빛과 표정을 하고 있었다. 그녀의 마음이 맑은 정신세계가 눈빛을 말하고 있으리라 생각했지만 순간 세상과 주변사람들에 대한 원망과 미움으로 가득 한 나 자신이 부끄러웠다.

결혼은 사랑하는 사람과의 결합이 아니라 두 집안과의 만남이었다. 장남인 경우엔 마음의 짐과 부담감이 배가 되었고, 그렇게 내가 결혼 생활에 지쳐 힘들어하고 있을 때 구세주처럼 그녀가 다시 내게로 왔다.

여고시절 그녀와 난 하루가 멀다 하고 서로 손 편지를 주고받고, 알베르 까뮈와 전혜린의 정신세계에 취해 염세주의자

흉내를 내곤 했다. 또래보다 많은 독서량과 독서 후의 감동을 함께 이야기할 수 있다는 것으로도 우린 통했고, 다른 아이들과 다르다고 생각했다. 산을 좋아해 함께 오르고, 음악을 좋아해 LP판을 사 모으며 만나면 끊임없이 문학과 삶에 대한 이야기를 했다.

27살 5월, 서로의 다른 선택으로 잠시 헤어졌지만 몇 년에 시간이 흐른 후 전혀 다른 모습으로 다시 만났다.

"엄마, 왜 우리 이모는 머리가 없어?" 하며 좋아한 작은 아들은, 잠잘 때도 스님 옆에서 자겠다며 떼를 썼고, 다음 날엔 유치원을 다녀올 동안 혹 그녀가 가버릴까 봐 유치원 등원도 거부했다.

그렇게 그녀는 오랜 시간을 거슬러 나와 아이들에게 왔다.

불교에서는 억만 번을 스쳐야 만나지는 게 사람의 인연이라고 말한다. 그러고 보면 나와 그녀와의 인연도 아주 오래전부터 이어져온 것이라 생각되어진다.

인연이 악연으로 이어질 수 있는 일도 많은 데 그녀와의 인연은 나와 또 다른 인연으로 이어져 많은 지인들과도 좋은 인연으로 연결되어 지인들에게 고맙다는 말을 많이 듣는다, 만남이 자주 있는 것도 아니지만 그녀를 생각하는 것만으로도 위안을 받는다, 부모가 아닌 다른 누군가에게 힘을 얻고 위안을 받들 수 있음을 행운이라 생각한다.

종교도 사람도 자신의 이익을 쫓아가는 시대에 변하지 않고 한 자리를 오랫동안 지키고 있는 그녀가 좋다.

출가하여 10명이 행자생활을 하면 너무 힘들어 8명은 떠나고 2명만 남는다는 생활을 6개월 이상해서 사미계를 받고, 예비 승이 되어 승가대학에 진학해 4년간 공부를 하느라 얼마나 힘들었을까? 쉽지 않은 결정이었을 텐데 자신의 선택을 믿고 실천하며 살고 있는 그녀를 존경하고 존중한다. 때론 후회도 힘든 시간도 많았을 텐데 자신의 자리를 지키고 있는 그녀가 자랑스럽다.

오늘도, 또 내일도, 더 많은 시간이 흘러도 그녀가 있어 '봉래사'는 외롭지 않을 거다. 매일 그녀의 아침예불과 저녁예불로 하루를 열고 마치는 봉래사를 지키고 있는 나무처럼 아침에 눈을 떠 그녀의 예불소리를 생각하면 마음이 편안해지고 행복하다. B-612 별을 떠난 앙투안 드 생텍쥐페리의 어린 왕자*가 장미를 생각하며 행복한 것처럼……

이 세상엔 사람의 수만큼 다양한 삶이 존재하고 있다.

틀린 삶은 없다. 서로의 얼굴이 다르듯 서로 다를 뿐이다.

저마다 저답게 열심히 살고 있을 뿐이다. 서로 다른 삶을 택한 나도, 그녀도

그녀를 만나는 많은 사람들이 행복했으면 좋겠다.

화성시 우정읍 화수리에 가면 소나무 숲에 가려진 아담한 사찰에 그녀가 산다.

온갖 야생화, 새, 바람소리와 함께……

*앙투안 드 생텍쥐페리 '어린 왕자

PART II

별

새 한 마리가
나뭇가지에 앉았습니다.
지난밤 재미있는 일이 많았는지
쉬지 않고 쪼롱쪼롱 쪼로롱
받아쓰기 하나 봅니다

새가 날아간 후
소리 없이 내려온 구름은
흔들흔들 나무와 손을 잡고
바람 소리를 듣다가
하늘로 올라갔습니다

새들도 구름도 잠든 시간
별들이 하나, 둘 내려와
새들이 불러준 노랫말
바람이 풀어놓은 이야기를 모아
하늘에 하나씩 박아놓았습니다
밤이면 서로 보고 싶어 반짝입니다

지리산 산행일기

산을 좋아한다. 처음 산을 오를 때 가슴이 터질 듯 힘듦도 오르다 보면 잦아들고 오로지 정상을 향해 집중하게 된다. 남편과 늘 입버릇처럼 지리산을 종주해 보자고 했다. 그러다 드디어 10월 연휴에 마음 맞는 지인과 함께 지리산에 갔다.

2박 3일에 짐은 최소한으로 가볍게 챙기고, 내가 끝까지 함께 산행을 할 수 있을까하는 두려움과 설레는 마음으로 금요일 저녁 11시 동서울터미널에서 성삼재행 고속버스를 탔다. 하루에 한 번 운행하는 고속버스가 가을이라 산행객이 많은지 4대나 출발을 했다. 정확하게 새벽 3시에 우린 성삼 재에 도착했다. 이른 새벽에 성삼 재에 내린 100여 명에 산행객 들은 새벽을 가르며 산행을 시작했다. 조금은 서늘한 공기, 사람들이 들고 있는 랜턴 빛이 긴 줄을 이루어 멋진 풍경을 보여줬다.

노고단 대피소에 도착해서 간단하게 지인이 싸 온 김밥으로 이른 아침을 먹고 따뜻한 커피도 마시고 산행을 시작했다.

산행을 하다 보니 홀로 산행을 하는 사람도 많이 보였다. 아직까지 내겐 홀로 산행이 힘든데 그런 사람들을 보니 대단하다는 생각이 들었다. 새벽에 홀로 산행을 하다보면 무섭지는 않은지 내가 쓸데없는 걱정을 한다. 한참을 걷다 보니 어둠이 걷히고 돼지 령에서 멋진 일출을 보는 행운까지 누렸다. 매일 보는 일출이었는데도 지리산에서 보는 일출은 특별하게 다가왔다.

날이 환해지면서 어둠에 숨어있던 지리산이 내게 들어왔다. 지리산 하면 떠오르는 소설 '태백산맥', '남부군'에 주인공들이 내게 와 말을 거는 듯했다. 지리산에 묻힌 수많은 사람들이 붉은 나뭇잎이 되어 어서 오라 손짓하는 것 같았다. 단풍은 아직

천왕봉에서 하산 중인지 물감을 칠하다 만 그림숙제처럼 어설퍼 보였다. 삼도 봉에서 간식을 먹고 연하 천을 향하는 산길은 지난여름 장마로 인해 산행 로가 많이 파손되어 힘들었다. 내가 자꾸 느려지다 보니 뒤에서 걷던 남편도 늦어지고, 미안한 마음에 열심히 따르려 했지만 마음과 달리 몸이 마음대로 움직이질 않는다. 순간 왜 내가 산행을 왔는지 후회도 되고, 너무 힘들어 울고 싶고, 다시 되돌아갈 수 있다면 내려가고 싶다는 생각이 들 때쯤 연하 천에 도착했다. 먼저 도착한 두 분이 늦은 점심 준비를 해서 맛있는 밥을 먹고 나니 힘이 나는 것 같다. 왜 몸은 내 마음대로 움직여주질 않는지 그동안 운동에 소홀했던 나 자신을 자책하며 다시 힘을 내어 1박을 할 벽소령 대피소를 향했다. 성삼 재에서 시작해 벽소령 대피소까지 17km.

산행을 시작한 후 제일 긴 산행이고 힘든 하루다. 오르락내리락 보일 듯 말 듯 벽소령 대피소는 가까운 듯 멀었다. 멋진 풍광도 힘이 드니 눈에 들어오지도 않고 빨리 대피소에 가서

눕고만 싶다. 예정시간보다 3시간이 더 걸려서 5시 조금 넘어서 벽소령 대피소에 도착했다. 짐을 풀고 저녁을 준비하는 동안 난 몸살에 걸린 듯 목이 붓고 힘들어 밥도 먹을 수가 없어 6시부터 잤다. 다행히도 대피소는 따뜻해서 자고 일어나니 몸이 풀려 거뜬하다. 별도 보고, 지리산에 밤은 어떤지 온몸으로 느껴보고 싶었는데 일찍 잠든 것이 억울하지만 아직 1박이 남았으니 아쉬움을 접기로 한다.

드디어 둘째 날, 아침을 먹고 출발을 하려는데 추적추적 가을비가 내리고 있다. 비가 굵어지기 전 세석대피소를 향해 산행을 시작한다. 오후부터 내린다는 일기예보를 믿었는데 빗님이 좀 급했는지 아침 일찍부터 비를 뿌린다. 많이만 내리지 않는다면 비 내리는 지리산을 걷는 것도 운치가 있다고 스스로 달래며 걷는다. 걷다 보니 우비로 인해 습기도 차고 땀도 나고 해서 우비를 입어도 비 맞는 거와 별반 차이가 없다. 지리산을 오면 풍광이 멋진 세석평전을 꼭 걸어야 한다고 하는데 운무로 인해 전혀 풍광이 보이질 않는다. 오르고 또 오르고 지리산을 하루 종일 가을비를 맞으며 걸었다. 기대했던 멋진 단풍도, 멋진 지리산 풍광도 비로 인해 흐릿했지만 그래도 좋았다. 걷다보니 대피소에서 만난 얼굴도 다시 만나 짧게 인사도 나누고, 사진도 찍고, 드라마 '지리산'에서 나온 풍광은 어디쯤일까 떠올리며 세석대피소에 도착해 점심을 먹었다. 비에 젖어 추웠던 몸이 따뜻한 밥과 커피를 마시니 풀리면서 다시 걸을 힘을 준다. 비가 내려도 어느 한 사람 산행을 포기하고 하산하는 사람은 없다. 초등학교 손자와 함께 온 할머니도 손자를 격려하며 장터목 대피소를 향해 가는 모습을 보니 힘들다고 남편에게 투덜거렸던 나 자신이 부끄럽다.

한 걸음, 또 한 걸음 비에 젖고 우비를 입어 땀에 젖은 몸은 더 무겁다. 어제 하루의 산행으로 그동안 마음에 묵혀두었던 마음에 짐을 덜어내었다고 나름 생각했는데 아니었나 보다. 몸이 무거운지, 마음이 무거운지, 배낭이 무거운지 오늘도 일행 중 자꾸 혼자만 뒤로 쳐져서 걷는다. 종일 비가 내리니 숲도 추위에 떠는 듯 나뭇가지도 자주 몸을 털며 비를 뿌린다.

빗물인지 땀인지 모를 물을 맞으며 걷는 동안 2박을 할 장터목 대피소에 도착했다. 대피소에 도착하니 비가 싸락눈이 되어 뿌린다. 바람소리는 어느 순간 산의 울음인 듯 통곡소리로 바뀌어 무섭기까지 하다. 젖은 옷을 입은 채 저녁을 먹었다. 따뜻한 밥이 반찬이 없어도 왜 이리 맛있는지 무거워도 먹 거리를 챙겨오길 잘 했다는 생각이 들었다.

벽소령 대피소와 다르게 장터목 대피소는 추웠다. 비까지 왔는데 좀 따뜻했으면 옷도 말리고 좋을 텐데 하는 아쉬움이 컸지만 대피소 예약도 못했으면 하는 마음이 들자 그래도 잘 만했다. 이런 시간이 아니면 모르는 사람들과 함께 언제 내가 대피소에서 코 고는(물론 나도 열심히 코를 골고 잤겠지만)소리를 자장가 삼아 잘 수 있을지....... 이런 시간도 어느 날인가 아름다운 추억으로 채색되어 내 기억에 창고에 저장될 것이다.

셋째 날 새벽 4시 눈을 떠 천왕봉을 오를지에 대해 일행들과 의논했다. 밖은 밤새 내린 싸락눈으로 아이젠 없이는 위험하니 아쉽지만 다음을 기약하기로 하고 하산을 결정했다.

백무동으로 하산하는 시간은 가을과 겨울이 공존하는 풍경이었다. 아직 붉은 단풍이 남아있는 나무에 하얗게 내려앉은 눈이 그대로 그림이고 詩였다. 올해는 도토리가 풍년인지 아님 다람쥐들이 게으른 건지 소복하게 쌓여있는 도토리도 하얀 눈을 덮고 겨울잠에 취해있었다. 하산 길에 유치원생과 초등학생 자녀와 함께 온 가족을 보니 유치원생 딸을 아빠가 업고 하산 중이다. 대단한 젊은 부부다. 어린 두 자녀를 데리고 설악산도, 한라산도 올랐다니 그저 감탄사만 나온다.

지리산을 종주하면 내가 그동안 궁금했던 인물들을 이해할 수 있을 줄 알았다. 하지만 산을 오르기도 버거워 그들을 생각하고 그들의 자취도 찾아볼 수 없었다. 2박 3일의 산행으로 내가 너무 많은 것을 얻으려 했던 것은 아닌지 스스로에게 물었다.

난 타고난 산 꾼도 아니고, 다시 떠 지리산에 오를 자신도 없다. 그래도 스스로에게 한 약속을 이번 산행으로 지킨 것으로 만족한다. 천왕봉을 앞에 두고 오르지 못했지만 천왕봉이 어디로 가는 것은 아니니 종주는 아니더라도 그래도 언제가 천왕봉을 다시 오를 수 있지 않을까 숙제로 남겨두고 싶다.

별 보는 캠핑

캠핑은 시작하게 된 계기는 우연이었다. 4년 전 산악회 송년회에서 받은 기념품 1~2인용 텐트가 생기면서였다. 텐트가 생겼으니 한번 사용해 봐야 되지 않는 하는 생각에 여름휴가를 가면서 캠핑장을 찾게 되었다.

3박 4일 예정으로 간 경북 예천 회룡포*.

남편이 검색을 해서 찾아간 경북예천 회룡포는 우리가 도착한 전날 캠핑장이 폐쇄되었다. 캠핑장 부근 예천강에 공무원이 상주하며 캠핑을 금지하고 있어 우린 텐트를 치지도 못하

* 회룡포 : 낙동강의 지류인 내성천이 용이 비상처럼 물을 휘감아 돌아간다 하여 붙여진 이름. 190m의 비룡산을 다시 360도 되돌아서 흘러가는 육지 속의 섬마을이다.

고 주변을 산책했다. 시설도 깔끔하고, 주차장도 크고, 샤워장과 화장실, 수도시설과 전기시설도 완벽한데 폐쇄라니……

지키는 분께 문의하니 주변 주민들의 항의가 들어와 폐쇄했다고 한다. 그럼 캠핑장이 문을 닫았나고 홍보라도 해야지, 보르고 찾아오는 사람들은 어찌할 것이냐고 항의를 했더니 자신들이 퇴근하면 텐트를 치고, 아침에 일찍 텐트를 거두라고 한다. 멀리서 왔고, 시간이 늦어 다른 곳을 찾기 어려우니 한 번만 봐준다고.

날은 뜨겁고, 모래사장은 햇볕에 달구어져 찜질방을 떠올리게 했다. 매미는 우렁차게 울어대고, 바람은 어디로 갔는지 나뭇잎 한 장 움직임이 없는 8월 한 낮. 남편과 나무그늘에 앉아 늦은 점심 겸 저녁을 지어먹고 느리게 흐르는 강물을 보며 시간을 보냈다. 시설이 폐쇄되어서인지 가로등 불빛은 들어오질 않고, 우린 손전등을 비춰가며 텐트를 쳤다. 주변을 살피니 우리와 같은 이유인지 멀리 한 가족이 정자 안에 텐트를 치고 있었다.

캠핑장이 문을 닫아 속상했던 마음도 잠시, 밤이 되자 하늘에 멋진 별들의 잔치가 펼쳐졌다. 어린 시절 외할머니 댁 앞마당에 펴놓은 멍석에 누워 바라봤던 그 별들이 다시 내게로 온 것처럼.

'아! 이래서 사람들이 무거운 배낭을 메고, 산에 올라 정상에 텐트를 치고, 캠핑을 하는 구나'

산정상이 아닌 캠핑장에서 바라본 별들이었지만 밤에 들려오는 강물소리도, 벌레소리도, 하늘에 떠 있는 수많은 별들도 세상 모든 걱정을 내려놓게 했다.

캠핑을 하면서 캠핑종류도 많다는 것을 알았다. 자동차로 이동함은 물론 자동차를 적극 활용하면서 행해지는 모든 야영행위를 오토캠핑 또는 세미오토캠핑이라고 한다. 야영장비를 배낭에 패킹하고 걷는다는 '백패킹 또는 알파인캠핑, 트랙핑'이라 한다. 그 외에도 '카라반캠핑', '오지캠핑', 오 프로로드캠핑', 바이크캠핑', '글램핑' 등 다양하다.

2020년 코로나19 확산으로 여행이 자유롭지 못하게 되자 캠핑이 활성화되어 캠핑인구가 늘었다. 그러다 보니 어디를 가나 예전과 다르게 예약을 하지 않으면 캠핑하기가 어렵게 되었다. 운이 좋아 예약을 하더라도 캠핑을 하는 것이 예전처럼 조용하게 생각할 여유도, 밤에 별을 보기도 어렵다. 서로 경쟁이라도 하듯 텐트는 사이즈가 커져 마치 집을 옮겨 놓은 듯 거대한 텐트가 쳐지고, 감성캠핑이란 이름으로 번쩍번쩍 도시의 불빛을 옮겨온 듯 화려하게 장식을 한다. 그러다 보니 별을 보기도 힘들고, 식사시간만 되면 고기를 굽는 연기도 인해 숨쉬기도 힘들다.

이런 광경을 보면서 예천 캠핑장이 문을 닫은 이유를 자연스레 알게 되었다.

캠핑을 온 사람은 오랜만에 야외에서 고기도 구워 먹고 좋겠지만 주변 거주 주민들은 힘들 것이다. 시끄럽고, 고기 굽는 냄새와 연기를 주말마다 맡는다고 한다면 고통일 것이다.

캠핑은 시끄러운 도시를 떠나 자연에서 편안하게 쉬면서 자신을 돌아보고, 생각하며 충전하는 시간이다, 한데 마치 요즘에 캠핑은 쉼이 아니라 자신의 경제력과 캠핑용품을 자랑하는 장소로 변화고 있는 것 같아 아쉽다. 어마어마한 크기의 텐트를 쳐서 다른 사람이 함께 할 수 있는 장소를 독점하고, 캠핑카를 장기간 주차하며 다른 사람의 쉼 장소를 독점하는 것은 또 다른 이기주의다.

캠핑을 시작한 지 몇 년이 흘렀지만 아직도 난 1인용에 작은 텐트를 갖고 다닌다. 휴대하기 좋고, 설치하기 좋아 큰 텐트가 욕심나지만 참으려 한다.

작지만 그곳에 누워 하늘에 별들도, 매미 소리도, 풀벌레 소리도 들을 수 있어 좋다. 나는 주말만 되면 어디로 가서 별을 볼까 생각하며 캠핑을 간다.

내 작은 텐트 위로 내려와 내게 속삭이는 별들의 얘기와 아침이면 내려앉는 이슬의 속삭임을 들으러……

합스부르크 왕가, 오스트리아

기내식을 2번이나 먹고, 졸다가, 자다가, 책을 읽어도 시간은 느리게 갔다. 지루함속에 평소에 쏟아지던 잠이 출장이라도 갔는지 도무지 찾아오질 않아 몸살이 날 즈음 환승공항인 이스탄불에 도착했다. 오스트리아로 가기위해 다시 비행기를 타야하는데 2시간이나 기다려야했다. 시차로 인해 7시간이나 시간을 벌었다며 좋아했지만 아이쇼핑도 2시간을 보내기엔 지루했고, 이스탄불 공항 면세점은 찾는 사람에 비해 협소했다. 그래도 시간은 흘러 오스트리아 행 비행기를 타고 2시간 30분 후 오스트리아에 발을 디뎠다. 하루를 꼬박 비행기를 타고 날아왔지만 7시간이 늦은 시차로 인해 월요일 아침.

밤을 거슬러 날아온 오스트리아 비엔나 풍경은 책에서, 텔레비전에서 보던 것보다 예쁘고, 도시는 타임머신을 타고 시간을 되돌린 것 같았다.

수도 비엔나는 지금도 중부 유럽에서 경제. 문화. 교통의 중심지를 이룬다. BC500년에 켈트족이 정착하면서 형성된 도시로 1440년 합스부르크 왕가가 들어오면서 정치.문화. 예술. 과학과 음악의 중심지가 되었고 신성 로마 제국의 수도로 되었다. 2차 세계대전 이후 미국, 영국, 프랑스, 소련의 신탁통치를 받으며 수도로서의 기능을 독일 베를린에 넘겨주었다가 1954년 독립하면서 다시 수도가 되었다.

도시전체가 유네스코 문화유산인 비엔나는 오래된 역사만큼 고즈넉하고 아름다웠다. 비엔나를 거쳐 합스부르크 왕가의 여름 별장이었던 쇤브룬 궁전엘 갔다. 궁전은 소리없이 내리는 비를 맞으며 지난 역사를 몸으로 이야기하는 듯 했다.

700년 동안 대제국을 거느린 유럽의 명문왕조로 최고의 전성기는 신성로마제국의 황제 카를 6세의 장녀 마리아 테레지아 여제 시대였다. 합스부르크 왕가의 유일한 여성 통치자로서 딸 11명, 아늘 5명을 낳아 다산의 여왕으로 불리고 있다. 그녀의 자녀들은 마리아 테레지아가 살아있는 동안 6명이 사망하였고, 프랑스, 스페인, 이탈이아 등의 왕가와 정략결혼을 하여 정치적 세력을 확장하기도 한다. 특히 그녀의 막내딸 마리 앙뜨아네트는 프랑스 왕 루이 16세의 아내로 우리에게 잘 알려져 있다. 신왕궁과 구왕궁 중간에 있는 마리아 테레지아 광장에 세워져 있는 거대한 규모의 마리아 테레제아 동상은 오스트리아 국민들이 지금도 얼마나 그녀를 사랑하고 있는지 알 수 있었다.

'아름다운 우물'이라는 뜻을 가진 왕궁이 의미하듯 왕궁은 많은 역사를 지켜본 듯 곳곳에 그 상처를 담고 있었다. 궁전안의 방만 무려 1,441개나 된다고 하니 17년간의 공사기간을 이해할 수 있었다.

또 천재음악가 모차르트가 여섯 살인 1762년 여제 마리아 테레지아를 위해 피아노를 연주했던 곳이라는 설명을 들으니 궁전에서 모차르트의 피아노소리가 들리는 듯 했다. 특히 18세기 프로이센과의 전쟁에서 승리한 기념으로 만든 언덕 위에 있는 글로리에테가 인상 깊었다.

쉔브룬 궁전관람 후 오이겐공의 여름궁전 벨베드로 궁전으로 구스타브 크림트의 'kiss'를 보러갔다. 궁전은 상궁과 하궁으로 나뉘는데 상궁 2층에 자리한 '알프스를 넘는 나폴레옹' 그림이 기억에 남는다. 고전주의 화가 자크 루이 다비드가 1801년 그린 것으로 원제목은 '높은 장트 베른하르트 고개 위의 보나파르트' 였다고 한다. 오래 기억되는 건 그림이 중. 고등학교 때 참고서 표지를 장식했기 때문이지 싶다.

궁전을 본 후 프리드리히 슈미트 광장에 있는 시청사를 보고, 고딕사원인 슈테판 성당엘 갔다. 성당 안에 소매치기가 많으니 각별히 주의하라는 현지가이드의 말을 들으며 옆으로 매던 가방을 모두 가슴에 안고 보았다. 벌려진 입도 다물지 못하고, 사진에 다 담을 수 없음을 아쉬워하며 눌러댄 핸드폰 카메라엔 성당 천장을 가득채운 아름다운 스텐실 성화와 모자이크 지붕의 성 슈테판 모습이 담겨졌다. 성당 안에 스텐실 벽화도 아름다웠지만, 오랜 시간 훼손되지 않고 보존해온 그들의 노력과 문화재를 사랑하는 마음이 부러웠다.

거리엔 오페라 주인공 복장을 하고 관광객을 상대로 공연티켓을 판매하고 있는 사람들이 눈길을 끌었다. 노천카페에 앉아 담배를 피우거나 커피를 마시는 사름들의 모습도 나와 다른 사람들처럼 모두 역사 속 인물인 듯 친숙하지만 낯설었다. 난 그들을 바라보는 또 다른 이방인으로 그들에게 비쳐지겠지만.

그렇게 어둠이 내리는 비엔나 시내 벤치에 앉아 넋을 놓고 지나는 사람들을 보고, 성당을 보고, 어딘가에서 들려오는 모차르트의 피아노 소리를 들었다.

골목 없이 길게 이어진 건물구조도, 그 건물의 모습을 훼손하지 않으려 단 아주 작은 간판들도 자신을 알리고 있으나 내가 아닌 다른 누군가에게 피해를 주지 않으려는 그들의 생활방식을 이야기하고 있는 듯 했다. 생활에 녹아있는 그런 배려가 도시전체를 문화유산으로 만들었을 것이란 생각과 함께 불편함을 감수하면서 지키려고 노력하는 그들의 여유가 부러웠다. 아마도 700년 동안 유럽의 중심에 있었던 자부심이 그들에게 이런 여유를 주었던 것 아닐까 생각해본다. 그럼 우리에게 고려왕조 500년, 백제왕조 700년, 신라왕조 1,000년, 조선왕조 500년은 어떤 자부심과 여유를 주었을까?

그들에게 내 모습은 이런 오랜 역사를 가진 나라의 여유 있는 사람으로 보일까? 그들에게 우리의 역사와 문화는 어떤 모습일까? 내가 지금 보고 있는 이들의 왕궁과 도시를 바라보는 놀라움과 아름다움일까? 아님 아직도 반목과 대립으로 분단된 남과 북으로 비춰질까? 이런 저런 생각들이 떠오르며 그들의 여유 있는 모습들이 많이 부러워지는 시간.

어둠이 짙어지며 오스트리아에서의 첫 밤을 맞는다. '내일은 어떤 하루가 나를 기다리고 있을까?'하는 기대와 함께.

손자와의 여름휴가

이번 여름휴가는 24개월 된 손자 여름이와 함께 가기로 했다. 18개월 차이로 둘째 손자를 출산한 며느리에게 조금이라도 쉬게 해 준다는 마음도 있고, 나와 남편을 잘 따르는 여름이에게 할아버지, 할머니와의 추억도 만들어 주고 싶었다. 2개월부터 엄마와 떨어져 할머니와 함께 잘 지낸 여름이와 그동안 3번에 1박 2일 캠핑도 함께 했고, 며느리가 출산 후 조리원에서 몸조리를 할 때도 2박 3일 제주도 여행을 하기도 했다. 손자와 함께 가려고 준비를 하다 보니 남편과 둘이 할 때 보다 짐이 몇 배는 더 많았다. 아직 대소변을 가리지 못해 5일 동안 쓸 기저귀에다 갈아입힐 옷도 우리보다 더 많았고, 아직 어려 이유식도 챙겨야 했다.

첫날은 영월 캠핑장에서 2박을 했다. 나무가 많아 한여름임에도 햇빛을 보이지 않을 정도로 우거져 좋았고, 데크는 없었지만 바로 계곡이 있어 시원했다. 아직도 이런 조용한 곳이 있고, 깨끗한 계곡이 있나 할 정도로 물이 맑고, 시원했다. 캠핑장은 가족단위들이 많아 밤에도 조용했고, 주변 풍경도 야생화가 많아 좋았다. 계곡에 발 담그고 있으면 지금이 한여름이 맞나 싶을 정도로 시원하게 더위를 느낄 수 없어 오기를 잘했다는 생각이 들었다. 불편한 점은 챙겨간 얼음이 녹아 하루 밤을 자고 나니 시원한 물과 맥주를 마실 수 없는 것이었다. 그래도 손자 여름인 눈을 뜨면 자신의 장난감을 끌며 다른 텐트를 기웃거리며 돌아다녔다. 나와 남편은 그런 여름이를 소리쳐 부르며 돌아다니고. 그러다 보니 캠핑장 사람들이 여름이를 알아보고 우리가 찾으면 여름이가 어디 있는지 가르쳐줄 정도로 여름인 유명인사가 되었다. 아침엔 제일 먼저 일어나 자신의 칫솔을 입에 물고 캠핑장을 누며 그곳에 계신 어르신들의 귀여움을 독차지했다. 그 덕분에 남편과 난 멋진 할아버지, 할머니로 인정을 받았고.

집에 있을 때는 저녁이면 잠을 잘 자지 않아 며느리에 애를 태우던 여름이도 물놀이도 하고 하루 종일 돌아다니다 보니 저녁만 먹으면 바로 잠이 들어 데려오길 잘했다는 생각을 했다.

도시에서 살며 평소엔 어린이집에 주말엔 집 앞 공원산책이나 키즈 카페에서만 놀던 여름이도 까맣게 타면서도 이리저리 돌아다니며 재미있게 놀았다.

영월 캠핑장에서 2박을 하고 다시 장소를 옮겨 태백캠핑장에서 2박을 했다. 마을주민들이 운영하는 태백캠핑장은 시설도 깨끗하고 데크 간격이 넓어 좋았다. 아쉬운 점은 나무가 울창하지 않고 데크가 아닌 곳은 모두 파쇄석이라 한낮에 한증막처럼 돌이 달구어져 뜨거웠다. 그래도 첫날엔 마을에서 주최한 기타 동호회에 연주와 영화상영이 있어 좋았다. 캠핑장에서의 음악회라니 하늘에 쏟아질 듯 뜬 별들과 기타 연주, 캠핑장에 불빛, 불빛에 날아드는 나방들까지도 예쁘게 보인 밤이었다. 여름이도 신이 나는지 손뼉을 치고 몸을 흔들었다. 아는 노래가 나오면 사람들이 함께 부르며 박수를 쳤다. 오랜만에 소리 질러 부르는 노래도, 밤하늘에 울려 퍼지는 기타 소리도 시간을 되돌려 나 자신을 20대로 데려다준 것 같아 좋았다. 거기다 보너스로 마을 부녀회에서 튀겨서 준 맛있는 팝콘과 시원한 오미자 주스까지, 마치 보너스를 받은 기분이었다. 저렴한 캠핑가격과 캠핑객들을 위한 이벤트까지 열어준 마을주민 분들이 정말 고마웠다. 아마도 관광객을 많이 유치시키려는 의도였더라고 해도 나를 포함한 다른 분들도 아마 이곳을 다시 찾지 않을까 하는 생각을 했다.

남편과 여행을 좋아하고 캠핑을 좋아해 특별한 일이 없으면 주말마다 집 냉장고에 음식을 챙겨 전국 곳곳을 다닌다. 다니면서 느끼지만 우리나라 어느 한 곳도 아름답지 않은 곳이 없다. 얼마나 더 우리나라를 여행할 수 있을지는 알 수 없지만 내가 갈 수 있을 때까지 다니고 싶다. 또 여건이 허락된다면 손자 여름이와 함께. 그래서 시간이 많이 흐른 후 할머니와 할아버지를 추억할 때 함께 한 시간들과 함께 우리나라의 아름다움도 여름이가 기억할 수 있게 되길 바란다.

캠핑장에 밤은 조용하고, 하늘엔 별은 쏟아질 듯 떠 있다. 가끔 들려오는 풀벌레 소리도 음악이 되는 곳, 반찬 없이 먹는 라면도 맛있는 시간이 되는 곳이다. 밤엔 별들을 올려다보고

"와! 와!"를 외치는 손자 여름이도 코를 골고 잠들고, 밤이 더 깊어지면 고라니 소리가 마치 어린아이 울음소리처럼 들리는 밤이 지나면 뜨거운 햇살이 텐트 안을 비춰고 사람들은 다시 차를 타고 바다로 간다. 우리도 여름이를 데리고 조그만 해안을 찾았다. 사람들이 적어 해안이름도 모르는 바다엔 파도만 밀려왔다 밀려가면 우리를 반겼다. 따가운 햇살에도 파도가 마냥 신기해 감탄사를 연발하는 여름이만 즐거웠다. 얼마나 뜨거운지 모래사장은 맨발로 걸으면 화상을 입을 듯 뜨거운 날이었다. 파라솔이라도 챙겨 왔으면 더 많은 시간을 바다를 바라보며 시간을 보냈을 텐데, 떼를 쓰는 여름이를 강제로

차를 태워 캠핑장으로 돌아와 샤워장에서 불놀이를 했다. 샤워장이면 어때 시원하면 되지, 빨갛게 된 여름이가 혹 더위를 먹지는 않을까 하는 걱정과 함께.

캠핑장에서 보낸 4박 5일에 손자 여름이와의 여름휴가. 남편과 마주 앉아 커피 한 잔, 맥주 한 잔 편하게 마시지는 못했지만 그래도 행복했다. 아직도 말이 서툴러 할아버지를 '하찌', 할머니를 '할미'라 부르는 여름이라 함께라서. 가는 캠핑장마다 최연소 캠퍼라며 환영해 주고 예뻐해 주시는 많은 분들이 계셔 손자 여름이도 행복했으리라 생각한다.

자연은 솔직하고 거짓이 없다. 아이들도 자신의 감정을 그대로 표현하고 거짓이 없다. 그래서 자연과 함께하는 캠핑이 좋고, 아이들이 좋다. 내가 아직도 아이들과 함께하는 일을 하는 것도, 손자 여름이와 이번 캠핑을 함께한 것도 자연과 같이 솔직하고 거짓이 없는 손자 여름이가 건강하게 자라며 할아버지, 할머니처럼 자연을 좋아하게 되는 계기가 되었으면 하는 바람이 있다.

아들 둘을 키울 때는 육아를 도와주는 사람 없이 일과 육아를 병행하다 보니 힘들어 아이들이 커가는 모습이 예쁜 줄 몰랐다. 하루라도 빨리 아이들이 자라 마음 편하게 내 일을 할 수 있으면 좋겠다는 생각을 한 이기적인 엄마였다. 그러다 나이를 먹고 두 아들이 학교 졸업 후 독립을 하고 결혼을 하게 되니 나 자신이 얼마나 나쁜 엄마였는지 늦은 반성을 하게 되었다. 퇴근 후 저녁놀을 바라보며 어린 두 아들이 엄마를 기다리며 느꼈을 마음을 생각하게 되고, 혼자 밥을 먹을 때에도 엄마 없이 저녁밥을 먹었을 아이들을 생각하게 되었다. 그런 마음이 손자인 여름이와 더 많은 시간을 갖기 위해 노력하게 된다. 내 이런 행동이 이미 커버린 두 아들에게 위로가 될 수 있을지는 모르겠지만 엄마로서 미안함을 조금이라도 갚고 싶다.

지금도 가끔 생각한다. 내가 그때 아무리 힘들었어도 일을 하지 않고 아이들만 챙겼으면 내 아이들이 더 행복했을까? 내가 갖는 지금의 죄책감이 없었을까?

손자 여름이와 4박 5일 동안 함께 하면서 내 머릿속에서 떠나지 않았던 생각들. 다음엔 아들도 함께 해 물어봐야겠다.

대만 여행

요즘은 평균 수명이 길어져 회갑잔치를 보기 힘들다. 가족끼리 밥을 먹거나 부부가 여행을 간다. 남편 회갑이라 무엇을 할까 생각하고 있는 데 대만으로 자유여행을 가자고 한다. 사실 난 해외여행을 갈 때 휴양지보다는 유적지가 좋다. 대만이 휴양지는 아니지만 별로 내키지 않았다. 그것도 자유여행이라니 은근 걱정이 되기도 했다. 그런데 남편은 자료를 조사해서 복사를 하고, 비행기 표를 예약했다. 대만을 4박 5일 동안 가이드 없이 전철을 타고 여행하기로 하고 출발을 했다.

첫째 날 영종도 인천공항이 아닌 김포공항에서 비행기를 타고 4시간이 조금 더 걸려 송산공항에 도착해 공항 편의점에서 교통카드를 샀다. 교통카드 한 장이면 4박 5일 동안 사용할 수 있다니 편하기도 했다. 공항 옆에 바로 전철역이라 전철을 타고 바로 호텔로 가서 짐을 풀고 지하철을 타러 갔다. 대만에 지하철역은 우리나라 보다 넓어 뭔가 허전한 느낌이 들었다. 하지만 역마다 한글 안내판이 있어 가이드 없이도 여행하기 불편하지 않았다. 몇 정거장 가지 않아 장개석 기념관에 도착했다.

대만의 국부라 할 수 있는 장개석 총통을 기념하는 중정기념관은 입구에 들어서자 엄청난 규모의 기념관을 보고 놀랐다. 수요일임에도 '내부수리 중'이라는 안내판이 있어 들어가지는 못하고 광장에서 사진을 찍는 것으로 아쉬움을 달랬다. 중앙에 중정기념관 본당 외에도 양쪽으로 극장과 음악당이 있어 다양한 공연들이 진행되고 있는지 악기를 둘러맨 연주자들이 계속 들어가고 있었다. 또 차도엔 수학여행을 온 학생

들도 많이 보였다.

아침 일찍 출발해 제대로 된 밥도 먹지 못해 여행자들에게 잘 알려진 '삼미식당'에 가서 늦은 점심을 먹기로 했다. 손님이 많아 대기표를 받고 10여분을 기다리다 식당에 들어가 자리를 잡았다. 평범한 식당이었지만 정갈하고 직원들에 서비스도 좋았다. 서비스만큼 가격도 비싸고.

몇 가지 음식을 시켜 먹었는데 이름은 기억이 잘 나지 않고 내 입맛에는 별로였다. 다른 나라를 가도 음식을 잘 먹는 편인데 대만 음식은 향신료가 강해서 그런지 입에 맞질 않았다. 늦은 점심을 먹은 후 다시 지하철을 타고 시먼에 있는 야시장엘 갔다. 입구에 들어서면서부터 번쩍 번쩍 북적북적거렸다. 또 여기저기서 한국어가 들려와 한국에 와 있는 듯했다. 야시장 중앙에서 여행객을 불러 모아 차력을 하는 것을 보니 어린 시절이 엄마와 함께 갔던 시장풍경이 생각났다. 또 야시장 입구에서 바이올린 연주를 하던 거리의 악사가 인상적이었다. 늦가을 밤하늘에 울려 퍼지던 애잔한 바이올린 선율이 아직도 생생하다. 하다리가 아프도록 야시장을 구경하고, 먹을 것을 사가지고 호텔에 들어와 너무 피곤해 먹지도 못하고 잠들어 버렸다. 여행도 젊어서 하라더니 운동 부족인지 종일 걸었다고 다리가 너무 아팠다.

둘째 날, 자유여행 온 사람들을 위한 차량제공과 가이드가 있다고 남편이 예약을 해서 버스를 타고 예류 지질공원엘 갔다. 대만 북부 해안의 예류 지질공원은 자연의 신비를 체험한 인상 깊은 곳이었다. 예류의 사암은 1,000만 년~2,500만 년 동안 형성되었다고 한다. 공원은 1~3 구역으로 나누어져 있고, 유명한 여왕머리 바위부터 버섯바위, 생강 바위, 아이스크림 바위 등 수십 가지 이름이 붙여져 있다. 바닷물의 염분으로 풍화된 벌집 바위가 해안을 덮고 있어 인상적이었다. 여왕머리 바위에서 사진을 찍으려 길게 줄 서있는 관광객들로 인해 멀리서 사진을 찍었다. 바람도 불고, 비도 내려 걷는 동안 힘들었지만 힘든 만큼 인상적이고 멋진 풍경이었다. 다시 이곳을 찾는다 해도 파도로 인해 바위들이 부식되고 있다고 하니 다시 보기는 힘들다는 가이드 설명에 아쉬움이 남았다.

다시 차를 타고 대만 8대 절경 중 하나인 청수단에 갔다. 에메랄드 빛 태평양 바다를 볼 수 있다는 가이드에 말에 설렘도 잠시 잔뜩 찌푸린 날씨가 비를 뿌렸다. 바라보는 곳마다 자연환경이 그대로 살아 있어 아름답다고 탄성이 나왔지만 강한 바람과 비로 인해 사진을 많이 찍지 못해 많이 아쉬웠다. 우리나라에 동해나 제주도와는 다른 매력이었다.

다시 버스에 올라 스펀 기차역으로 갔다. 기차역에서 천등 날리기 체험을 하러 갔다. 천등은 4면에 자기의 소원을 적어서 날리는데 날다가 떨어져도 대만지역이 워낙 습하기 때문에 화재가 날 염려는 없다고 한다. 남편과 나도 소원을 적어 천등을 날렸다. 높이 올라가는 천등을 바라보면서 꼭 이루어지길 빌었다. 또 천등을 날린 후 유명한 난 땅콩아이스크림을 먹고 남편은 닭 날개 튀김을 먹었다. 땅콩아이스크림은 얇은 밀전병에 싸여 있는데 맛있다고 하기보다 는 색다른 맛이었다.

다시 추적거리는 빗길을 달려 진과스에 갔다. 진과스는 예전 금광이 있던 탄광촌으로 마을은 높은 산꼭대기에 위치해 있었다. 황금박물관 입구에는 주차장이 없어 차에서 내려 걸어가야 했다. 늦게 도착해서 박물관 관람은 할 수 없었다. 그 대신 옛날 광부들이 먹었던 광부도시락을 먹었다. 한데 도시락이 부실해서 이걸 먹고 어떻게 광산에서 광부들이 일을 했는지 의문이 갔다. 힘든 노동을 하면서 이렇게 소박한 도시락을 먹었다니.

광부도시락을 먹고 '센과 치히로의 행방불명'의 배경지로 알려진 지우펀을 갔다. 난 지우펀을 걸으며 꼭 지옥 길을 걷는 느낌이었다. 가파른 계단, 좁은 골목, 많은 사람들, 앉을 의자 하나 없는 노점상과 작은 가게들. 홍등으로 빛나 화려하고 예뻤지만 도대체 여유가 없어 짜증이 났다. 그러다 한 카페에 들어가 커피 한 잔 시켜놓고 쇼핑하는 사람들을 보는 걸로 만족했다.

셋째 날도 현지에서 예약한 버스를 타고 국립공원 블로완 계곡, 원주민 문화전시관, 현수교였다. 블로완 계곡은 작은 섬나라에 다채로운 볼거리가 있다는 것이 놀라울 정도로 아름다웠다. 현수교는 우리나라에도 출렁다리가 많이 있어서인지 그다지 감흥이 느껴지지 않았다. 계곡도 원주민 문화전시관 주변도 인위적이지 않고 자연 그대로를 보존한 모습이 더 인상적이고 아름다웠다. 그다음 코스인 화련 태로각 국립공원에 가기 위해 타이베이에서 버스로 3시간을 달려 화리엔으로 향했다. 옥빛 물빛은 보기와는 달리 생명체가 살 수 없다고 가이드가 설명했다. 연자구를 걸으며 협곡을 가까이 구경하는 코스에선 낙석에 주의해야 하는 곳이라 버스에서 대여한 안전모를 쓰고 2시간 정도를 걸으면서 본 협곡은 왜 이곳을 대만에 그랜드 캐니언으로 불리는지 알 수 있을 정도로 아름다웠다. 협곡에 터널과 도로는 10년이 걸릴 공사를 원주민과 죄수를 동원해 3년 6개월 18일 만에 완성했다고 하니 얼마나 많은 희생이 있었는지 알 수 있었다. 태로각 협곡은 V자형 협곡으로 계곡은 모두 대리석으로 이루어져 있다고 한다. 이 지역 도로와 인도가 대리석으로 만들어진 이유를 알 것 같았다.

도로에 끝 '장춘사'는 당시 공사 중 사망한 226명의 위패를 모신 절이다. '장춘사'는 태로각 절경이 한눈에 들어오는 맞은편 산자락에 자리하고 있다. 자신들이 만든 도로를 바라보며 잠들었을 영혼을 생각하니 가슴이 아팠다. 걷고, 또 걷고 여행은 걷기의 시작과 끝인 것 같다. 돌아오는 길엔 퇴근시간과 겹쳐 차가 엄청 막혔다. 타이페이도 서울만큼 집값이 비싸서 외곽에서 출. 퇴근하는 사람들이 많아 교통체증이 심하다고 가이드가 설명했다. 7시쯤 타이베이에 도착해 닝샤 야시장을 갔다. 닝샤 야시장은 타이베이 3대 야시장으로 그중에서 가장 인기가 많다고 한다. 그래서 그런지 첫날 본 야시장보다 규모가 엄청 컸다. 음식에 관심이 많은 남편은 겁 없이 한 번도 먹어보지 않은 음식을 잔뜩 샀다. 저걸 과연 먹을 수 있을까 하는 음식까지도. 여행사를 통하지 않은 개별여행이다 보니 단체 쇼핑이 없어서 여행을 더 알차게 하고 있는 것 같아 기분이 좋았다. 그렇게 셋째 날도 밤이 깊어 갔다.

넷째 날이다. 주부에게 여행이란 첫째 매 끼 밥을 하지 않아 좋다. 자고 일어나 씻고 호텔 식당에 내려가 아침을 먹고, 커피를 마시니 마치 왕비라도 된 듯하다. 매일매일이 이런 날만 지속되면 좋겠다는 소망을 가져본다. 오늘은 첫째 날과 같게 남편과 전철을 타고, 다시 버스로 환승해 대만 국립 고궁박물관을 갔다. 열심히 인터넷 검색을 한 남편 덕분에 고생하지 않고 한 번에 박물관에 도착했다.

고궁박물관은 중국 국민당이 국공 내전 패배 후 중요한 문화재들이 파괴되는 것을 막기 위해 중요 수장품들을 타이완으로 가지고 온 것이 시초이다. 가지고 온 유물이 워낙 많아서 6개월에 한 번씩 돌아가며 전시를 한다고 한다. 보관실에 보관 중인 유물울 다 보려면 15년이 걸린다고 하니 그 규모가 대단하다. 고궁박물관을 돌아본 후 다시 지하철을 타고 국립 국부 기념관엘 갔다.

국립 국부 기념관은 타이완과 중국 모두의 국부로 추앙받는 쑨원을 기리는 곳이다. 국부기념관 앞의 커다란 인공연못과 그 뒤를 공원이 감싸고 있고, 그 너머엔 타이베이 101 타워까지 있어 도심 중심가에 있어도 풍경이 매력적이었다. 또 남편과 도착한 시간에 근위병 교대식이 있어 더 좋았다. 기념관을 돌아본 후 다시 열심히 걸어서 101 타워 전망대에 갔다. 얼마나 사람들이 많은지, 날씨도 흐려 야경을 보기 힘들 것 같아 포기하기로 하고 지하 슈퍼마켓서 쇼핑을 했다. 슈퍼진열대에 한국라면과 과자들이 많고, 또 우리나라 배가 아주 비싼 가격에 팔리고 있어 기분이 좋았다. 애국심이라야 할지, 아님 자부심이라 할지…… 이렇게 지하철을 타고 대만 곳곳을 다니다 보니 마지막 밤이 깊었다.

드디어 마지막 날이다. 아침을 먹고 짐을 챙겨 안내 데스크에 맡기고 타이베이에서 가장 오래된 사원인 용산사에 갔다. 용산사는 불교, 도교, 유교의 신들을 모시고 있는 다신교적 사원으로 원래는 관세음보살을 모시는 절이었다가 다른 신들이 추가되었다고 한다, 특히 야경이 멋있다고 하는데 야경을 보지 못해 아쉬웠다. 사원입구에선 많은 꽃 장사들이 꽃을 팔고 있었고, 사원 안에서도 많은 신도들이 각자 사온 꽃을 놓고 기도를 하는 모습들이 보였다. 우리나라에 사찰이 고즈넉하고 고요하다고 한다면 용산사는 마치 축제 분위기 속에서 기도를 드리는 것 같았다. 신도들과 관광객들이 뒤 섞여 '기도가 될까?' 하는 의문도 갖게 했다.

남편 회갑기념으로 한 4박 5일 대만여행. 국민소득이 우리나라를 앞섰다고 하는 대만의 모습은 마치 수묵화를 보는 듯했다. 변화를 싫어한다는 국민성도 있겠지만 대만인들 자체가 검소하고 타인의 시선을 의식하지 않아서일까? 하는 생각이 들었다. 4박 5일을 여행한 내 생각이 틀일 수도 있겠지만 이런 생활방식은 우리도 배우면 좋겠다는 바람과 함께.

PART Ⅲ

소록도 가는 길

금계국 줄지어 손짓하는
고속도로 달려서
소록도 가는 길
한하운이 걷던
황톳길은 사라진 지 오래
나들이 차량 행렬만 길다

소록도와 거금도를 잇는
거금대교 지나니
자유를 갈망하던 이들 모두 떠나고
소록도 앞바다 윤슬만 반긴다

완치 후 지구상에 없는 인종 '한센인'
주홍글씨처럼 새겨지고
한하운은 보리피리 불며 간다
마음속 다리는 아직도 보수공사
창살 없는 감옥에 절도안치 중이다

소록도, 천사의 집

2차 대전 때 유태인에 대한 히틀러의 만행을 많은 사람들이 알게 된 것은 안네 프랑크의 일기 '안네의 일기'였다. 전쟁말기 가스실에서 희생당한 안네의 일기를 가족 중 유일한 생존자인 아버지가 발견해 1947년 6월 네덜란드에서 '은신처'라는 제목으로 출판이 되었다. 이후 1955년 미국에서 영화로 만들어져 나치가 유태인을 어떻게 핍박했는지를 알렸다. 이처럼 글의 힘은 어떠한 무기보다 강하고 설득력이 있다.

초등학교시절 가까운 곳에 우리 학교 분교가 있었다. 평소에는 왕래가 없는 분교 친구들이 졸업식 때 참석해서 이해가 되질 않았다. 왜 우리와 함께 공부하지 않는지 궁금해 선생님께 묻자 그때 선생님께서 하신 말씀이 그들의 부모가 나병환자로 완치는 되었지만 일반인들의 편견으로 인해 함께 공부할 수 없다고 했다. 그럼 자식들도 나병에 걸렸느냐는 우리들의 질문에 "나병에는 걸리지 않았지만 미감아이기 때문에 안 된다." 라고 했다. 처음 들어본 생소한 단어 '미감아', 그때는 그냥 그렇게 별생각 없이 듣고 잊어버렸다. 그러다 아이들 글쓰기를 지도하면서 접한 원유순 작가의 '넌 아름다운 친구야'를 읽고 오래전에 들었던 '미감아'란 단어를 다시 접하게 되었고, 나병에 대해 생각하게 되었다.

한센병은 인류 역사상 오래 된 질병으로 최초의 기록은 기원전 600년경에 인도에서 발견되었다. 우리나라의 경우 서기 1451년 조선시대에 수용진료를 실시한 기록이 전해지고 있다. 한센병을 일으키는 한센균은 1873년 노르웨이의 한센

(Hansen, 1841~1912)에 의해 최초로 발견되었다. 결핵보다 전염률이 낮았음에도 사람들에 편견으로 인해 많은 차별을 받았다.

몇 년 전 여름휴가를 남편과 함께 전남지방을 여행하며 '소록도'를 갔다. 이청준의 소설 '당신들의 천국'을 읽으면서 꼭 한번 소설의 무대가 되었던 곳이라 가보고 싶었다. 그곳을 돌아보며 가슴이 먹먹했다. 일제강점기 때는 일본인에 의해 강제수용 되었다고 하지만 해방 이후 지금까지 차별을 받고 있다고 하니 몸의 병은 나았어도 마음의 상처는 치유되지 않았을 것이라는 생각이 들었다. 그렇게 돌아본 '소록도'는 고요하고 아름다웠다. 그 아름다움이 강제노역으로 이루어진 결과물이라는 것이 가슴 아팠다. 노역으로 인해 몸에 상처가 나서 나병으로 인해 손가락, 발가락이 잘려나가는 것도 느끼지 못하고, 벽돌을 만들 때는 살이 타는 냄새가 진동을 해도 느끼지 못했다고 하니 소록도에서의 삶이 얼마나 고달팠을지 전해져 왔다.

코로나로 인해 미루어졌던 제1회 보리피리 문학상, 신인상 수상식이 소록도에 접해 있는 거금도에서 있었다. 다시 소록도에 가보고 싶었지만 코로나로 인해 외부인 통제가 되어 갈 수 없었다. 하지만 문학상 수상자이신 강선봉 선생님께서 소록도에 대해 이야기를 해주셔 막연하게 생각했던 사실들이 많은 왜곡이 있었음을 알게 되었다. 우린 떠도는 이야기로 확인되지 않은 사실을 사실로 받아들이는 많은 오류를 범하며 살아가고 있다. 그 대상이 언젠가는 자신을 향할 수도 잇다는 것을 모르는 체.

강선봉 선생님의 자전적 소설 '소록도, 천국으로의 여행'은 소록도에 대해 우리가 알지 못했던, 잘못 알고 있었던 사실들을 이야기한다.

같은 한센병 환자를 가족으로 받아들이고, 서로 의지하며 살아가는 삶, 한세병에 걸렸다는 이유로 가족에게 버림받는 서러움이 눈물과 함께 행간에 쓰여 져 있다. 소설로서 지나간 아픈 시간들을 기록하신 선생님께 감사한 마음을 갖게 되었다. 너무 늦게 알게 되었지만 많은 사람들이 소설을 읽고 우리가 그동안 잘못 알았던 사실들을 지금이라도 바로잡는다면 늦었지만 소록도에 계신 분들에게 조금이라도 위안이 되지 않을까 한다. 글은 영원히 사라지지 않는다. 소설 속의 이야기가 시나브로 퍼져나간다면 글을 쓰신 강선봉 선생님의 수고도, 그동안 많은 차별 속에서 가슴앓이를 했던 분들에게도 작지만 위로라 되리라. 환자의 치료보다는 치료 목적이라는 거짓된 말로 소록도에 가두고 권력에 도구로 이용했던 사람들도 이젠 거의 세상을 떠났다. 하지만 아직도 한센병이 완치되어도 차별은 하는 우리들의 인식은 바뀌지 않고 있다. 그렇다면 우린 예전 환자들을 격리하고 이용했던 그들과 다르지 않을 것이다. 강선봉 선생님은 소설 서두에 '한센 후유장애를 안고 살아가는 지금의 소록도 노인들이 세상을 떠나고 나면 일제 강점기 만행과 광복 후 처절한 삶을 살아온 이야기도 완전히 사라지고 잊힐지 모르고 오직 소록도라는 섬과 건물만이 역사의 흔적으로 남을지도 모른다.'라고 쓰고 있다.

세상은 빠르게 변하고 사람들은 자신들의 이야기가 아닌 다른 사람들의 아픔은 빨리 잊는다. 하지만 소설 '소록도, 천국으로의 여행'은 오래도록 많은 사람들이 읽고 소록도의 아픈 역사를 바로 알고 잊지 않기를 바란다. 어린 소녀가 유태인을 피해 숨어서 썼던 일기도 많은 사람들에게 오래도록 익히고 전해져 나치 독일의 만행을 세상에 알렸다. 조금 늦더라도 강선봉 선생님의 소설 '소록도, 천국으로의 여행'도 오래도록 많은 사람들이 읽고 소록도를 기억하고 왜곡된 일들은 바로잡았으면 한다. 누군가를 기억해 주고, 그 말을 들어주는 것은 어려운 일이다. 기억해 주고 말을 들어주는 것을 믿고 존중해 준다는 의미일 거다. 어려운 시간 지나오신 소록도에 계신 모든 분들을 존경한다. 그분들은 우리들에게 살아계심으로 잘못된 사실을 알려주고 역사를 증언하시기 때문이다. 때론 왜곡된 기록보다 한 마디의 증언이 지나간 시간을 증명하고 설득력을 갖는다. 다시 소록도를 찾는다면 아름답기만 하던 중앙공원이 아름다움보다는 그곳에서 강제노역에 동원되었던 많은 분들의 눈물로 보일 것 같다. 파도소리도 그분들의 신음으로 들릴 것 같다.

유택을 참배하다

지난 4월 28일 강화에 있는 한하운 선생님 묘소를 갔다. 고문 청암 정일상 선생님, 이사장 이기철 선생님, 부이사장 장진천 선생님, 작가회 회장 정금자 선생님과 함께. 김포는 초행길이었고, 한하운 선생님의 묘소가 김포 공원묘지에 있다는 것도 이번에 알았다. 글을 쓴다고 말하면서 한하운 선생님의 시 '자화상'을 좋아한다고 하면서도 정작 선생님의 묘소가 이곳에 있는 것을 이번에 알게 되었으니 죄송스럽고 부끄러운 일이다.

선생님의 묘소를 찾아가는 길은 쓸쓸했다. 아직도 쌀쌀한 날씨가 그랬고, 공사 중으로 어수선하고 좁은 길을 따라 들어간 공원묘지 풍경이 스산했다. 한 시인의 생애가 묻힌 묘지가 그랬다. 많은 사람들이 시인 한하운의 '보리피리'는 알아도 그 시인의 묘소가 어디인지, 시인의 본명을 아는 이는 몇 명이나 될까 하는 생각이 들었다. 문학을 한다고 하는 나 또한 그 무심한 사람 중 한 명이었으니 문학과 무관한 많은 사람들이 그러는 것은 어쩜 당연할 것이다. 몇 해 전 다녀가셨다는 이기철 이사장님과 정일상 선생님께서도 묘소를 찾지 못해 오르락내리락 공원묘지를 헤매었다. 왜 선생님의 묘소엔 안내판조차 없는지, 그러다 지나가는 이에게 한하운 선생님의 묘소를 물으니 자세히 가르쳐준다.

묘소엔 김포문학회 회원들이 두고 간 시집이 한 권 있었다. 아마도 묘소를 찾은 시인들이 선생님 읽으시라고 두고 갔으리라. 살아서도 우리나라에선 대접받기 힘든 '시인'이란 직업.

죽어서 대접받길 원하는 건 사치겠지만 무덤에 계신 선생님께선 가끔 잊지 않고 찾아와 주는 우리들로 인해 위안을 삼으시리라 스스로에게 답해본다.

누군가를 기억하고, 그를 추억하며 다른 이들에게 그에 대해 각인시키는 일은 중요하다. 그 사람의 글이, 시가 우리에게 희망과 위안을 준다면 더 열심히 알리도록 노력하는 것이 남은 자들의 책임일 것이다.

시인 서정주 선생님은 한하운 선생님의 시를 처음 접하고 시인이 되고 싶다는 꿈을 꾸었다고 한다. 그뿐 아니라 한하운 선생님처럼 문둥병에 걸리면 좋은 시를 쓰지 않을까 하는 생각도 하였다고 하니 한하운 선생님은 많은 이들에게 시심을 심어 주셨다. 한하운 선생님의 많은 시 중에서 '자화상'을 좋아한다. '자화상'을 쓸 때의 선생님의 마음은 어땠을까를 생각하며 나 자신을 돌아보게 된다. 그러면 슬픔과 절망이 희망으로 자리바꿈함을 느낀다. 시를 읽으며 많은 사람들이 나와 같은 공감을 했으리라 믿는다. 지금의 우리들이 힘들다 해도 그 때의 선생님보다 더 깊은 절망과 슬픔은 없을 테니 말이다. 사람은 이기적인 면이 많아 다른 사람의 절망과 슬픔을 접하면서 위안을 받고 자신의 슬픔과 절망을 치유한다고 한다. 하지만 이제는 선생님의 시 '자화상'을 읽으며 희망을 본다.

한 번도 웃어 본 일이 없다
한 번도 울어 본 일이 없다

웃음도 울음도 아닌 슬픔
그러한 슬픔에 굳어 버린 나의 얼굴

도대체 웃음이란 얼마나
가볍게 스쳐가는 시장끼냐

도대체 울음이란 얼마나

짓궂게 왔다가는 포만증이냐

한때 나의 푸른 이마 밑
검은 눈썹 인저리에 메워 본 덧없음을 이어

오늘 꼭 가야 할 아무 데도 없는 낯선 이 길 머리에
쩔룸 쩔룸 다섯 자보다 좀 더 큰 키로 나는 섰다

어쩌면 나의 키가 끄으는 나의 그림자는
이렇게도 우둔히 온 땅을 덮는 것이냐

지나는 거리마다 쇼 위도우 유리창마다
얼른 얼른 내가 나를 알아볼 수 없는 나의 얼굴

–한하운 '자화상'

하늘은 가던 길 멈추고 파랗게 묘소에 내려앉아 속삭였다. 이제 그만 나병으로부터 자유로워져 훨훨 북녘 땅 고향으로 날아가 보라고, 나도 약속한다. 내년에도 또 그다음 해에도 잊지 않고 다시 오겠다고. 선생님의 시심이 우리 한하운 문학회에 옮겨와 한하운 문학회 모든 선생님들의 시심이 활활 피어났으면 하는 소망을 가져본다. 짧은 시간이었지만 한하운 선생님과의 다음 만남을 약속하며 발길을 돌린다.

"선생님! 심심하시면 요 아래 장릉*에도 놀러 가세요. 그래도 심심하시면 김포시내도 한번 둘러보시고. 요즘 아이들에게 보리피리도 가르쳐 주세요."

* 장릉 : 조선 선조의 5번째 아들이자 인조의 아버지, 1632년(인조 10년) 왕으로 추존된 원종과 부인 인헌왕후 구씨의 무덤, 1970년 5월 26일 사적으로 지정

이웃의 살아가는 이야기

살다 보면 가끔 '내가 지금 잘 살고 있는 걸까?'하는 의문이 들 때가 있다. 그럴 때면 사람이 많은 마트나 재래시장엘 간다. 그곳에서 바삐 움직이는 사람들을 보며 활력을 얻기도 하고, 다양한 삶의 모습을 보기도 한다.

눈을 떴다 감았다 한다는 싱싱한 생선, 통일되면 국산이라는 북한산 고사리, 몇 년 째 손해 보고 팔고 있다는 과일 등…… 손님을 부르는 다양한 말들과 사람들 사이를 누비는 소음이 살아있음을 감사하게 한다.

아이들이 학교에(중, 고등학교 시절) 다니는 8년 가까이 텔레비전이 없었다. 일부러 공부하라고 없애버린 건 아닌데 고장 나면서 자연스럽게 사라졌다. 집에 텔레비전이 없다고 하면 사람들은 "텔레비전 없이 불편해서 어찌 살아요?" 하며 의아해했다. 한데 텔레비전이 없으니 밥을 먹으면서도 가족 간의 대화가 많아졌고, 남편 출근시키고, 아이들 등교시킨 후의 시간이 여유로워졌다. 무의식적으로 커피 한 잔 들고 텔레비전 앞에서 채널을 돌리며 시간을 보내다가 텔레비전이 없으니 그 시간에 집안일을 하거나 책을 읽으니 좋았다. 꼭 텔레비전을 시청해야 할 때는 컴퓨터로 봤다. 그러다 어느 날 남편이 다시 텔레비전을 사 왔다.

갑자기 가족이 된 텔레비전이 거실 한복판에 자리를 차지하고 있어도 한 동안 관심을 받지 못했다. 그러다 KBS1 교양프로그램 인간극장을 시청하게 되면서 열성팬이 되었다. 월요일부터 금요일까지 아침시간에 방영되는 인간극장은 평범한 이웃들의 생활을 보여준다. 또 인간극장을 시청하며 그동안 의문은 품었던 '내가 지금 잘 살고 있는 걸까?'에 대한 해답을 찾았다. 매일 아침 커피 한 잔 들고 텔레비전 앞에 앉아 인간극장 시청 후 하루일과를 시작한다. 그동안 많은 이야기를 시청하며 울기도 하고, 웃기도 했다. 그 중 '삶이 끝날 때 까지'와 '요망진* 정원'편이 내게 많은 생각을 하게 했고, 삶에 대한 자신감과 용기를 주었다.

'삶이 끝날 때까지'는 60년 전 아내와의 약속을 지키고 싶다는 남편 '임승팔'씨가 고관절을 다쳐 몸이 불편한 아내 '이영희'씨를 간호하는 모습을 남은 이야기다. 혼자서 간호하기는 힘드니 요양병원에 보내라는 자식들과 주변 지인들의 말에도 몇 년씩이나 간호하는 모습은 감동적이었다.

주변에서 남편이 아프면 지극정성으로 몇 년씩 간호하는 아내들의 이야기는 많이 들었다. 하지만 남편이 아내를 돌보는 것은 보기 힘들고, 들어본 적도 별로 없다. 나뿐 아니라 이 프

* 요망진 : 똑똑하다. 야무지다. 의 제주도 사투리

로그램을 본 많은 사람들이 부러움과 함께 '과연 우리 부부는 죽을 때 까지 저리 아껴주고, 챙겨주며 살 수 있을까?'하는 생각을 했을 것이다. 좋은 프로그램은 부연설명 없이도 감동을 준다. '인간극장-삶이 끝날 때까지'는 4월 제52회 휴스턴 국제영화제*에서 금상을 수상했다. 누구나 마음은 있어도 실천하지 못하지만 같다는 것을 보여주는 것 같아 영화제 금상수상은 내가 상을 받은 것처럼 기분이 좋았다.

부모나, 배우자가 조금만 아프면 바쁘다는 핑계로, 힘들다는 이유로 바로 병원이나 요양원에 입원시키는 요즘 '임승팔' 씨의 이야기는 가족 간, 부부간의 사랑에 대해 돌아보고 반성하는 계기가 되었다.

또 '요망진 정원'편을 보면서 새로운 것에 대한 도전을 두려워하는 내 자신을 돌아보게 되었고, 서울토박이인 부부가 제주도로 거처를 옮겨 새로운 일을 시작하는 것을 보며 자신감을 얻었다. 꿈꾸었던 전원생활을 지금부터 준비해 시작해야

* 휴스턴국제영화제 : 매년 4월 미국 휴스턴에서 열리는 영화제

겠다는 계획도 세웠다. '요망진 정원'편을 일주일 동안 시청하며 '이선영'씨의 열정과 부지런함이 내게도 전염되길 기대했다. 아마도 나처럼 전원생활을 꿈꾸는 많은 이들이 '이선영'씨를 보면서 용기를 얻었으리라 생각된다. '이선영'씨처럼 커다란 정원은 아니지만 아주 작은 꽃밭이라도 가꿀 수 있다면 내가 꿈꾸는 전원생활의 꿈은 이루는 것이리라.

서로 사랑해 결혼을 하고, 자식을 낳고 살다 보면 부부싸움도 하고 그러다 보면 아이들이 커서 독립을 하면 부부만 남게 된다. 자식의 독립 후 남게 된 부부는 처음 사랑을 할 때처럼 서로를 사랑하고 행복하게 살 수 있을까? 아이들이 없으니 두 사람만의 생활을 하며 다시 몇 십 년 전 신혼으로 돌아갈 수 있을까?

100세 시대라고 하는 요즘 자식 독립 후에도 오랜 시간을 부부만 살게 된다. 그럴 때 한 사람이 아프면 요양원이나 병원으로 보내고 나면 남는 배우자는 자식과 함께 사는 경우도 있지만 혼자 사는 경우가 많다. '인간극장'에서 '임승팔'씨의 말처럼 아파서 누워만 있어도 배우자가 있어서 힘이 난다는 말이 가슴에 남는다. 힘들어도 배우자가 없다면 더 외롭고 슬플 것이다.

수 십 년 결혼생활을 하며 좋은 일도 나쁜 일도 있겠지만 둘만의 소중한 시간인 만큼 죽음도 서로에게 소중한 시간이다.

친정아버지가 4년째 요양원에 계신다. 직장을 다닌다는 이유로, 아버지가 치매증세가 있다는 이유로 집이 아닌 요양원에 모신 게 과연 잘한 행동일까? 하는 생각을 해본다. 또 내 자신은 남편이 아프면 '임승팔'씨가 아내를 간호한 것처럼 할 수 있을까? 하는 의문과 함께.

사람들은 텔레비전을 바보상자라고 말한다. 하지만 세상 모든 것은 양면성을 지니고 있어 사용하는 사람들이 어떻게 사용하느냐에 따라 다르다. 나를 아침마다 텔레비전 앞으로 부르는 '인간극장'은 내겐 몸과 마음을 튼튼하게 해주는 보약 같은 존재다. 매주 월요일이 기대된다. 이번 주는 어떤 새로운 이웃이 찾아와 나를 설레게 할까? 내게 어떤 삶에 대해 이야기를 해 줄까?

다른 듯, 닮은 듯
-구병모의 '네 이웃의 식탁'을 읽고

몇 년 전 구병모 소설 '파과'를 읽었다. 우연하게 읽게 된 소설 '파과'는 60대 여성 킬러, 청부살인업자의 이야기로 그 동안 읽었던 소설과는 많이 달랐다. 그러다 두 번째 만난 구병모의 소설 '네 이웃의 식탁'은 '파과'와는 180도 다른 소설이었다. 평범한 우리 주변의 이야기이면서 젊은 부부들이면 누구나 한 번쯤 꿈꿀 수 있는 공동주택에서의 공동육아에 대한 이야기다.

요즘 점점 결혼연령과 출산연령이 높아져 우리나라 출산율이 해마다 최저를 기록하고 있다고 보도되고 있다. 보도를 접할 때마다 느끼는 생각은 남자와 여자가 많이 다를 것이다. 출산율저하 문제가 여자라고 말하지는 않았지만 결혼연령이 높아지고, 출산율 저하가 여자에게 있는 듯 책임을 추궁하는 뉘앙스를 풍기고 있다. 책을 읽는 내내 '비혼, 비 출산'이 여자의 인생을 구하는 건가?'라는 의문이 들었다.

소설 '네 이웃의 식탁'은 세 자녀를 갖는 조건으로 입주가 허용되는 '꿈미래실험공동주택'에서 살게 된 네 가족의 이야기다. 입주사유는 모두 다르지만 신재강, 홍단희, 전은오, 서요진, 상낙, 조효내, 강교원, 고여산 부부는 아이들을 공동육아로 가르쳐 보기로 한다. 하지만 일러스트 작가로 일하는 효내는 자신의 의견을 묻지도 않고 공동육아에 찬성한 남편을 원망하지만 참석하기로 한다. 외동인 자신의 딸이 다른 아이들과 함께 지내면 더 좋을 것이라 생각하기 때문이다. 하지만 공동육아는 한밤 중 강교원, 고여산 부부의 싸움으로 인해 문제가 발생한다. 영화감독을 꿈꾸며 실패를 거듭한 남편의 무능력으로 먼 친척언니 약국에서 아르바이트를 하며 가족의 생계를 책임져야하는 요진, 프리랜서로 일하는 효내. 힘든 아내와는 다르게 남의 부인을 탐하는 남편들로 인해 '공동체'라는 이름으로 시작된 동거는 인간 내면의 이기심과 소유욕, 자존심으로 인해 공동육아와 공동주택 생활에 균열이 생긴다.

시간이 변해도 변하지 않는 가부장적 사고와 시댁과의 관계는 일하는 아내들을 힘들게 한다. 그러다 보니 부부관계에도 문제가 생기고 효내가 딸아이를 데리고 집을 나가게 된다. 그러다 요진도 집을 떠나고, 요진에게 불손한 마음을 품었던 재강도 요진이 재강이 준 선물을 그의 집 현관에 걸어놓고 감으로서 그간의 그의 이중적인 행동이 드러나게 된다. 그러면서 3 가족이 공동주택을 떠나게 되고, 교원은 세 번째 아이를 갖게 되고, 강교원, 고여산 부부만이 공동주택을 지키게 된다.

이들이 공동주택을 떠나게 된 직접 원인은 무엇일까?

남편이 아닌 아내들이 이런 행동을 했다면 남편과 시댁은, 사회는 아내들을 이해하고 용서했을까? 하는 의문이 든다.

우리는 부부 사이에, 남녀 사이에 어떤 문제가 생기면 '남자가 그럴 수도 있지' 하는 말로 넘기며 남자에 행동에 대해 관대하다. 이런 편협적인 사고가 미혼 여성과 기혼여성을 힘들게 한다. 또한 이런 사고가 결혼을 기피하는 비혼 주의자를 늘게 하는 것은 아닐까?

소설에서 작가는 자신의 식탁이 아닌 이웃의 식탁을 탐하는 세상 모든 남자들에게 경고를 보내는 것은 아닐까 한다. 남의 식탁을 탐하는 것이 남자만은 아닐지도 모른다. 자신의 식탁을 지키지 않은 채 남의 식탁을 탐하고 욕심낸다면 결국 자신의 식탁도 다른 사람에게 빼앗기게 되는 것은 아닐까?

유연하게 산다는 것은 어떤 것일까? '공동체'에 들어왔지만 사는 것이 너무 바빠 주위의 신경 쓸 겨를 없이 사는 효내의 삶도, 성희롱을 일삼던 재강과의 관계를 끝내기 위해 도망

친 요진도 이 '공동체'를 무너뜨린 가해자라고 할 수 없다. '공동체'를 강요하며 최소한의 예의를 물었던 단희도, 전업주부로 인정받고자 열심히 산 것 밖에 없는 교원도 모두 가해자인 동시에 피해자일지도 모른다. 또 요즘 공동체의식이 많이 부족하고, 이웃에 대한 관심이 없다는 지적도 많은데, 이 소설을 읽으면서 공동체가 꼭 좋은 것인가 하는 생각과 함께 개인에 대한 강요와 함께 그룹 안에서의 자연스레 정해지는 위계관계가 생활에 불편함을 초래함을 알았다.

우리는 친한 사람은 만나면 "언제 밥 한 번 먹자" 라는 말을 자주한다. 한국인에게 밥은 생존을 넘어선 또 다른 의미를 갖는다. 그런 점에서 '네 이웃의 식탁'은 생존을 위한 식탁의 의미를 넘어 가족의 사랑과 화합을 의미한다. 오늘 우리는 이웃의 식탁이 아닌 자신의 식탁에서 행복을 지키고 찾아야 한다.

구병모의 '네 이웃의 식탁'은 가족의 참된 의미와 부부의 믿음에 대해 강조하고 있다. 가족보다는 일을 핑계 삼아 밖에서의 식사를 더 많이 하고 가족과의 식탁을 멀리하는 현대인들에게 메시지를 보내고 있는 것을 아닐까.

현대인의 공감능력
-손원평의 '아몬드'를 읽고

가끔 생각한다. 왜 난 스스로의 감정을 잘 다스리지 못하는지? 너무 쉽게 감정에 젖어 슬퍼하고, 분노하는지. 때론 감당하기 어려울 정도로 힘든 일이 생길 때면 차라리 아무런 감정을 느끼지 못한다면 지금처럼 힘들지는 않을 텐데 하는 생각이 들기도 한다.

얼마 전 아이들 권장도서인 '아몬드'를 읽고, 이런 내 생각이 얼마나 사치스러운지 반성하게 되었다.

주인공 '윤재'는 선천적으로 편도체에 문제가 있어 감정을 거의 느끼지 못한다. 의사들은 '감정 표현 불능증'이란 진단을 내린다. 단순하게 '표현 불능'이라 하지만 감정 표현에 서툰 것을 넘어 감정을 느끼지 못하고, 타인의 감정도 읽지 못하는 병이다. 윤재는 다른 사람이 슬퍼서 우는 것을 봐도 그 이유를 이해하지 못한다.

윤재가 평범한 아이로 성장하길 바랐던 엄마는 주위 사람들에게 호응하고 감정을 표현하는 방법을 구구단을 외우듯 반복학습을 통해 가르친다. 남들과 다르지만 변함없이 사랑을 주는 엄마와 늘 자신의 편인 외할머니 곁에서 평온하게 자라던 윤재.

그러던 어느 날 윤재의 열여섯 번째 생일, 크리스마스이브 외식하러 나가 세 사람은 괴한의 공격을 받아 할머니는 사망하고, 엄마는 식물인간이 된다. 혼자가 된 윤재는 할머니의 장례를 치른 후 엄마가 운영하던 헌책방을 운영한다. 입학한 고등학교에선 아이들이 끔찍한 사건을 겪고도 아무렇지 않은 윤재를 괴물이라 말하며 따돌리고, 같은 반에 전학 온 '곤이'와

얽히게 된다.

어린 시절 부모를 잃어버려 보육원과 소년원을 전전하다 뒤늦게 가족을 찾았지만, 문제된 행동으로 아버지와 갈등을 겪는 곤이. 그런 곤이는 윤재 곁을 맴돌며 시비를 걸고 괴롭힌다. 윤재가 별다른 반응이 없자 헌책방에 자주 들리고, 그런 곤이에게 호기심을 느낀 윤재는 서로의 다른 모습에 가까워지게 된다.

세상에서 따돌림을 당하는 윤재와 곤이.

가족을 잃고도 눈물 한 방울 흘리지 않고, 아이들이 놀리고 위협해도 아무런 표현이 없어 '비정상'이라고 괴물 취급을 받는 윤재.

자신의 존재를 부정하는 세상으로부터 스스로 보호하기 위해 문제행동을 해서 손가락질 받는 곤이.

한편으로 윤재와 곤이가 비정상이 아니라 감정을 느낄 수 있음에도 타인의 불행을 외면하고, 때론 차별의 이유로 삼는

다수의 사람들이 비정상이 아닐까 생각하게 한다.

우리는 살아가면서 자주 타인의 고통을 마주한다. 어려움에 처한 이웃을 보거나, 방황하는 청소년들을 마주 치기도 한다. 하지만 선뜻 나서서 도움의 손길을 주는 사람은 많지 않다.

"내가 가족도 아닌데, 괜한 오지랖이지" 또는 "나랑 아무런 상관없는 사람인데 내가 왜?"

하는 생각이 들기 때문이다.

소설'아몬드'는 주인공 윤재뿐 아니라 현대인이 점점 타인의 아픔에 무뎌지는 '감정 표현 불능증'을 앓고 있다는 것을 알려주는 것은 아닐까 한다.

하루가 멀다 하고 자신과는 아무런 상관없는 사람들을 향해 분노를 표출하는 범죄가 발생하고, 아무렇지도 않게 자신의 아이를 살해하는 요즘. 윤재는 엄마와 할머니의 사랑으로 느리지만 곤이를 만나 타인을 사랑하는 법을 알게 된다. 곤이 또한 자신보다 더 불행할지도 모른다는 윤재를 알게 되면서 타인을 이해하는 법을 배우게 된다.

아주 오래 전 문학 강좌에서 강사가 말했다.

자신이 소설 '토지'를 좋아하는 것은 소설 속 주인공 모두에게 각자의 아픔이 있기 때문이라고. 만약 주인공이 완벽하게 행복했다면 좋아하지 않았을 거라고.

우리가 자주 보는 TV드라마나 영화 속 주인공들은 모두 역경을 겪고 행복을 찾는다. 역경을 겪지 않는 주인공을 본 기억이 없다. 그러고 보면 살아간다는 것은 행복이 아니라 어려움을 겪으며 행복을 찾아나서는 긴 여행인 것 같다.

책을 읽으며 그런데 왜 제목이 '아몬드'이지 하는 의문이 들었다. 사전을 찾아보니 우리 머리 뒤쪽 윗부분 만져볼 수는 없지만 머릿속 깊은 곳에 크기와 모양이 아몬도와 닮은 '편도체'가 있다고 한다. 그 편도체가 감정의 경험과 표현을 처리하는 뇌 구조라고 한다. 그러고 보면 글을 쓰는 작가는 다방면에 지식을 가지고 있어야하나 보다.

감정을 쉽게 다스리지 못해 불만인 나 자신이 윤재에게 부끄러워진다. 그만큼 감정을 잘 느끼고 있었음을 감사해야함을 생각한다. 세상엔 좋은 것도, 나쁜 것도 너무 넘쳐도 부족해도 안 되나 보다. 부족해도, 넘쳐도 자신들과 다르다는 이유로 따돌림 당하거나 외면당하기 때문이다. 나와 다름을 인정하는 것, 그런 생각이 우리들에겐 자리 잡지 않고 있는 걸까?

분리수거장 물품들의 말

사람들은 참 이상도 하지. 언제는 내가 좋다고 형편도 되지 않으면서 무리를 해 신용카드 할부로 나를 집안으로 들이더니 이젠 필요가 없다고 나를 일주일에 한 번 있는 재활용 분리수거 날 버리네.

내가 언제 나를 데려가 달라고 애원이라도 했던가, 진열장에 앉아있는 자신들이 내 모습에 홀딱 반해 애걸복걸을 하더니만 나보다 외모가 더 나은 신제품이 나왔다고 나를 버리네.

말은 그럴싸하게 하지. 에너지 효율 1등급이 나와서 나를 버리고 다른 제품을 사는 것이 더 경제적이라고. 하루가 다르게 신제품과 새로운 모델이 쏟아져 나오는 데 그럼 그럴 때마다 새로 사겠다는 것인지. 도대체 믿지 못할게 사람의 마음이라고.

좀 조용히 하지. 어디 이곳에 있는 우리들이 냉장고 너 같은 생각이 없어서 말을 안 하는 줄 아니. 우리도 다 같은 신세야. 눈에 잘 보이지도 않는 스크래치가 생겼다고 버려진 내 모습 좀 보렴. 스크래치가 생겼다고 내가 내 할 일을 소홀히 한 것도 아닌데 미관상 안 좋다나 뭐라나 하면서 나를 이곳으로 보냈단다. 아니 스크래치가 났다고 식탁이 식탁의 기능을 상실한 것도 아닌데 말이야. 스크래치는 내가 만들었나, 조심성 없는 자신들이 만들어 놓고선.

냉장고, 식탁 너희만 그런 게 아니란다. 이곳에 있는 우리들 전부가 그래. 지금은 사람들을 탓할게 아니라 이젠 어떻게 해야 하는지 대책을 마련해야 되는 것 아니겠니? 우리가 지금이라도 깨끗하게 몸단장이라도 해야지 다시 새 주인을 만날 수 있는 재활용 매장으로 가게 되잖아.

운이 좋으면 세상에 첫발을 딛는 사회초년생이나, 사랑은 넘치지만 돈이 부족한 신혼부부라도 만나 그들에게 꼭 필요한 존재가 되어 그들과 함께 다시 안락한 생활을 할 수 있는 거 아니겠니?

누가 모르나. 한데 그 일이 우리의 생각처럼 쉬울까?

요즘처럼 돈보다는 디자인, 에너지 효율등급, 신제품만 찾는데 가격이 저렴하다는 이유 하나만으로 몇 명이나 우리들을 반길까?

우리가 아직도 예전의 성능을 갖추고는 있으나 사람들은 우리들 성능보다는 디자인에 관심이 많으니. 사람이나 물건이나 세월이 흐르면 시간에 흔적이 외모로 남건만 왜 당연한 사실을 모르나 몰라. 자기들은 안 늙나.

사람들이야 보톡스를 맞는다, 주름성형을 한다 해서 세월에 흔적을 감춘다고 하지만 우리들이야 어디 그럴 수 있나. 사람들의 편의를 위해서 죽어라 24시간 일을 해서 생겨난 상처나 약해진 체력을 어찌하냐고.

사람들은 참 이기적이야. 오랜 된 물건을 골동품, 유물이다 하면서 왜 우리들은 오래되면 버리는지. 그들과 24시간 생활을 함께 하고, 그들을 위해 열심히 일한 우리들을 미련도, 망설임도 없이 버리니 참 인정 없는 사람들이야.

옛 어른들은 자신이 사용하던 물건이 고장이 나면 고쳐서 쓰곤 했는데 요즘 사람들은 망설임 없이 버려버리니 참 매몰찬 것 같아.

그러니 쓸 수 있는 물건들도 버려지고, 환경문제도 심각해지지.

혹시 1995년 존 라세터 감독이 만든 '토이 스토리*' 영화 같은 영화가 우리를 주인공으로 영화를 만든다면 사람들이 우리의 존재를 지금보다 더 아끼고 사랑해 줄까? 우리도 새로운

* 영화 '토이 스토리' 1995년 존 라세터 감독 작품으로 1999년까지 4편까지 나왔다.

제품들과 사이좋게 공존을 할 수 있을까?

그러면 얼마나 좋을까? 자 그럼 우리 지금 여기에 가만히 앉아 불평만 할 것이 아니라 우리의 이야기를 영화로 만들어줄 감독을 찾으러 떠나자.

분명 어딘가에 우리 편이 되어줄 사람이 분명 있을 거야.

환경을 생각하고, 자신들의 물건을 소중히 여기고 아끼는 사람이 분명 우리의 소원을 이루어 줄 거야.

분리수거 날 난 물건들의 아우성 소리를 들으며 나만은 아닌 척 오랫동안 사용했던 대형 전기 후라이팬을 그들 사이에 살짝 놓고 왔다. 온도조절 기능이 망가져 더 이상 사용하기 곤란하단 정확한 이유가 있으므로 당당하게 버리고 왔다. A/S를 받아볼 생각도 없이….

PART Ⅳ

김장

전국에 싱싱한 배추, 무 모아놓고

바닷바람 조려진 천일염에 숨죽인 후

온 정성 김치 담그면 한겨울 양식이네

내 마음에 지진

저물녘 풍경은 잘 그려놓은 세밀화처럼 섬세하고 예쁘다. 살짝 무채색으로 지워지는 풍경도, 하나 둘 켜지는 도심의 불빛도, 그 불빛에 모습을 드러내는 겨울나무도, 아파트도 아름답게 보여진다. 살아가면서 사람들과의 관계도 그와 같으면 좋으련만 상처를 받으면 쉽사리 지워지지 않고 마음 깊은 곳에 가라앉아 자리를 잡는다. 그러던 어느 날 호수에 물안개가 피어오르듯 가라앉아 있던 상처들이 일어나 나를 삼켜버렸다. 원인도 모른 체 나의 일상은 멈춰버렸다.

운전을 하다 도로에서 멈췄다. 가슴이 심하게 방망이질 치며, 도로를 달리는 모든 차들이 나를 향해 달려오는 것 같아 무서워 운전을 할 수 없었고, 숨을 쉬기조차 힘들었다.

'나이 탓일까? 내가 혹 벌써 치매가 오는 것은 아니겠지?' 스스로에게 물으며 갓길에 차를 대놓고 하염없이 시간을 보냈다. 그 순간에 머리를 스쳐가는 수많은 생각들이 나를 혼란스럽게 했다. 아직 하고 싶은 일도 많고, 해야 할 일도 많은 데, 어찌해야 하나 걱정이 파도처럼 밀려왔다. 그렇게 마음을 진정하고 비상깜빡이를 켜고 겨우 운전을 해서 집으로 돌아왔다. 그 후로도 그런 증상은 반복되어 이젠 운전을 못하나 보다 했다. 그러다 남동생이

"누나 공황장애 같은데, 병원 가봐"

하는 말을 듣고, 설마 하는 생각에 미루다 병원엘 갔다. 누구나 가기를 꺼려하는 '정신과'.

엘리베이터 바로 앞에 바로 위치한 병원엔 대기자들이 너무 많아 깜짝 놀랐다. 이렇게 많은 사람들이 마음이 아파서 병원

엘 왔구나 하는 생각과 나만 마음이 아픈 것이 아니구나 하는 위로도 스스로 했다. 예약환자만 받는다는 말에 당황했지만 예약한 환자가 안 올 경우 상담을 받을 수 있다는 이야기를 듣고 2시간을 기다려 상담을 받았다.

하필이면 며느리 출산일에 친정어머니가 유방암 수술을 받으셨다. 친정 부모님 안 계신 며느리에 곁에 있어야 한다는 마음과 수술을 받는 친정어머니 곁에 있어야 한다는 생각에 마음이 복잡했다. 결국 며느리에겐 가지 못하고 수술실 밖에 앉아있는 나 자신이 며느리에 대한 죄책감으로 힘들었다. 갑작스레 양수가 터져 수술을 받아야 했던 며느리가 얼마나 외롭고 힘들었을까를 생각하니 아픈 친정어머니가 원망스러웠다. 난 왜 결혼해서도 친정어머니를 챙겨야 하나하는 불평과 함께, 재산은 아들에게 주고, 일이 생길 때마다 딸도 자식이니 함께 해야 한다는 생각을 가진 동생과 친정어머니가 싫었다.

어릴 적 어머니와 아버지는 자주 싸우셨다. 술을 좋아하셔 즐기시는 아버지가 못마땅한 어머니는 자주 잔소리를 하셨고, 그럴 때마다 난 무섭고 주위 사람들에게 창피했다. 그래서 큰소리가 나면 문부터 꼭꼭 닫았다. 그래서 그런지 난 누군가와 다투게 되었을 때 그 자리를 피했다. 억울해도 그냥 큰소리 나는 것이 싫어서 회피했다. 그런 일들이 반복되면서 화난마음을 혼자서 풀려고 글을 쓰거나, 책을 읽으며 잊으려고 했다. 책을 읽다 보면 책에 몰입해 화난 마음도 잊어지고, 마음이 가라앉았다. 한데 아니었나 보다. 그동안 나 자신도 모르게 마음 깊은 곳에 자리하고 커져 나를 지배하고, 이런 작은 일상들이 쌓여 내 마음을 힘들게 했나 보다.

텔레비전에서 연예인 000가 공황장애가 있다는 소리를 듣고, 공황장애는 일반인이 아닌 연예인처럼 사람을 많이 접하는 공인들만 스트레스가 많아 걸리는 줄 알았다. 나처럼 평범한 사람이 공황장애가 온다는 생각은 하질 못했다. 2시간에 걸친 상담과 검사를 했다. 결과는 그동안 맏딸로, 맏며느리로 누군가를 위해 나 자신이 뭔가를 해줘야 한다는 책임감이 나 자신을 옥죄고 있어 이젠 몸도, 마음도 감당할 수 없는 단계에 이르러 공황장애가 왔다는 진단을 받았다. 나이 60에 공황장애는 잘 오지 않는데 마음이 많이 여린 것 같다는 의사의 말에 내 자신에게 미안해서 눈물이 나왔다. 힘들어도 참으면 주변 사람들과 큰소리 나지 않고, 잘 지낼 수 있으니 그렇게 하는 것이 맞는다고 생각하며 살아왔는데 그런 행동들이 병을 만들었다니 서럽고 슬펐다. 착하다는 소리 들으려고 이렇게 산 것은 아니었다. 그냥 내가 양보하면 큰소리 나지 않으니 그렇게 하는 것이 최선이라 믿었다.

이제는 누군가를 챙길 나이가 아니라 스스로 자신을 챙길 나이라는 의사의 말에 내 나이를 다시 돌아보게 되었다. 언제 이렇게 나이를 먹었지.

7개월이 넘게 2주에 한번씩 병원엘 가서 상담을 하고, 약을 받는다. 약을 먹으니 운전을 할 때 두근거림과 떨림은 없어졌다. 하지만 아직도 자동차 전용도로, 터널, 고속도로에선 운전할 자신이 없어 집과 가까운 거리만 운전을 하거나 출. 퇴근을 한다. 신기하게도 아이들과 만나 수업을 하는 데는 지장이 없어 얼마나 다행인지 모른다.

병원엘 갈 때마다 생각한다. 병원엘 오는 사람들이 엘리베이터에서 내려 내과로 간다. 나도 처음엔 그런 줄 알았다. 한데 내과에 들려 다시 정신과로 들어온다. 아직도 많은 사람들이 정신과엔 정신이상자만 다닌다는 선입견을 가지고 있어서 그런 것 같다는 생각을 한다. 난 처음 갈 때부터 바로 정신과로 직진에서 갔는데 이런 내가 이상한 걸까?

살다 보면 누구나 한번쯤 마음에 병이 생겨도 병원엘 가야 한다. 주변 사람들에게 말한다.

“저 요즘 공황장애로 정신과 다녀요. 그러니 내게 상처 주는 말이나 행동은 제게 하지 말아 주세요.”

난 아직 자라고 있나 보다. 20~30대에 많이 온다는 공황장애가 60에 왔으니.

몸은 나이를 들어 늙어가는 데 마음은 아직 나이만큼 다 자라지 않았나 보다.

오늘도 난 나 자신을 토닥인다. '괜찮아, 괜찮아'

내 몸이 하는 말

"더 이상 치료는 불가능할 것 같네요. 수술합시다."

건강검진을 받으면서 엘보가 재발된 오른팔 검사를 했다. 예상했지만 MRA를 찍고, 결과를 들으니 눈물이 났다. 당황한 의사와 간호사가 수술은 겁먹을 필요 없다고 말했지만 눈물이 멈추질 않았다. 수술이 두려워서가 아니라 나 자신이 바보 같아서.

10년 전부터 오른팔이 심하게 아팠다. 세수를 할 때도, 컵을 잡을 때도 힘없이 팔이 꺾이며 손에 잡은 것을 놓쳤다. 병원에 가니 '엘보'라고 진단을 한다. 평소에 골프나 테니스를 많이 하느냐는 의사의 질문에 대답하지 못했다.

손을 자주 사용하는 주부들에게 자주 나타난다는 '팔꿈치 엘보'를 치료하기 위해 병원도 많이 다니고 나름 팔을 아낀다고 조심도 했다. 하지만 타고난 성격은 고치지 못한다고 통증이 덜하다 싶으면 다시 반복되는 집안행사에 통증이 재발했다.

병원엘 가면 담당 의사는 깔끔하고, 부지런한 주부들이 집안일을 많이 해서 생기는 경우가 많다며, 행주 짜기, 손빨래, 집안청소 등 자잘한 일을 줄이라고 한다. 헌데 타고난 성격도 있지만 집안일이나 행사가 언제 며느리 생각하며 있나, 하지 말아야지 하면서도 그러질 못했으니 병을 키운 건 나 자신인 것 같다.

그러다 오른팔이 나으니 왼손 엄지손가락이 통증으로 아팠다. MRA를 찍고 '방아쇠 수지' 진단을 받았다. 미용사들이 많이 걸린다는데 내가 왜 방아쇠 수지 증후군이지? 평소 테니스나 골프를 한 적도 없는데 엘보에 걸렸는지 내 자신도 이해하기 힘들었다. 몇 달을 치료해 손가락을 움직일 수 있게 되었다. 조심 또 조심 물건을 들 때도 손으로 들지 않고, 어깨에 메거나, 손목에 걸었다. 무거운 물건은 들지 않으려고 했고, 가능하면 손을 편하게 쉬게 하려고 했다. 하지만 생활은 손을 쉬게 하지 않았다.

이틀간격으로 시어머님 제사와 시조부모님 제사, 명절 차례…… 도와주는 사람도 없고, 팔이 아프니 못한다는 말을 하려다가도 마음이 불편해 아픈 것도 참고했다. 그러지 말걸, 나쁜 며느리 소리 듣는다고 죽는 것도 아닌데, 왜 그리 잘하려고 내 팔을 혹사시켰는지 후회된다.

결혼 전 친정어머니는 늘 아프다는 말을 하셨다. 아프셔서 말을 하셨겠지만 어쩌다가 아니라 늘 아프다는 말이 듣기 싫었다. 그래서 결혼 후 몸이 아프면 가능한 참고 아이들과 남편에게는 말을 하지 않았다. 나 자신에게도 아픈 게 아니라 참을성이 없는 것이라며 최면을 걸었다. 그런 행동들이 그동안 몸이 아프다고 말하는 소리를 듣지 않아서 이렇게 된 것 같아 후회스럽다.

왜 좋은 며느리, 좋은 아내가 되려고 아픈 것도 참고 열심히 했는지, 도와달라고 도움을 청하지 않았는지…… 모두가 내 잘못이다. 몸을 돌보지 않고 능력을 넘어 일을 하려고 한 잘못이다.

어떤 일이 발생했을 때 결과를 예측할 때가 있다. 얼마 전부터 오른팔이 심하게 아플 때, 이유도 모르면서 병원을 가보라며 짜증을 내는 남편이 서운하고 싫었다. 병원에 못 간 것은 치료가 불가능해 수술을 해야 한다는 불안감 때문이었다. 2년 전 치료를 받을 때 다시 재발하면 그때는 수술을 해야 한다는 의사의 진단이 기억났다. 그래서 병원에 가는 시간을 조금이라도 늦추고 싶었다.

수술 후 1주일 후 퇴원했다. 코로나로 인해 환기가 잘 안 되는 병실도 불안했고, 보호자 방문도 안 되고, 오른팔을 쓰지 못하니 모든 것이 불편했다. 당연하게 생각했던 행동들을 할 수 없게 되니 몸의 소중함을 새삼 깨닫게 되었다. 집에 오니 수족관은 청소를 하지 않아 뿌옇고, 식물들은 생기가 없다. 남편을 졸라 수족관 청소를 하라 하니 마지못해 하며 없애버리자고 한다. 그동안 우리 집 가습기 역할을 하던 수족관을 청소 한번 하더니 이젠 구피도 키우지 말고 다른 사람 주면 안 되냐고 한다.

'그래 수족관도 없애고, 화분도 없애고, 힘든 제사는 없애지. 그래야 내가 할 일이 없어지니 팔도 아프지 않을 텐데……'

하지만 남편은 제사를 없앤다는 말은 하지 않았다. 당장 남편이 힘든 집안일을 줄이려고만 했을 뿐. 수술 후에도 관리를 하지 않으면 재발한다고 하는데, 벌써부터 다가오는 시아버님 제사와 설 명절이 두렵다.

몸이 말을 건다. 왜 자신을 존재하게 하는 몸에게 눈치 보면서 하지 않아도 되는 일에 에너지를 쏟느냐고. 하지 않아도 되는 일이 자신에게 기쁨을 준다고 착각하지 말라고. 몸은 시시때때로 필요한 것들을 나에게 알려준다. 이젠 내 몸이 보내는 작은 소리도 잘 들어야겠다. 몸은 절대 거짓말을 하지 않을 테니……

주연을 꿈꾸다

언제부터인가 난 음식점에서 고기를 먹은 후 나오는 음식으로 변했다. 내가 뭐 디저트도 아니고 이천 원을 내면 먹을 수 있는 음식이 되다니 나 된장찌개에 대한 모독인 것 같다. 아니 사람이 먹는 음식도 수제로 적은 양을 만들면 비싼 값을 정해 판매를 하면서 된장인 난 수제가 아니란 말인가? 물론 요즘은 나를 만들 때 공장에서 대량으로 만들어 말끔한 슈퍼마켙 진열장에 줄을 맞춰 있기는 하다. 하지만 나 재래된장은 그들과 탄생과정부터 다르다.

예로부터 나를 만들 때는 좋은 날을 받아, 햇볕이 좋은 날을

택하고, 깨끗한 물을 받아 메주를 쑤고 잘 말리어 장을 담근다. 또 어두운 장독에 담겨 햇볕과 바람을 맞고 오랜 시간 발효되어야 맛난 된장으로 태어난다. 이런 나를 공장에서 기계로 만들어낸 인스턴트식품보다 못한 취급을 하다니 이렇게 억울할 수가 없다.

나로 말하면 고구려 안악고분 벽화에 된장 등의 발효식품을 저장했던 것으로 추정되는 장독등이 보인다. 또 덕흥리 고분에는 술, 고기 된장이 창고에 가득하다고 기록되어 있고, '신당서*'에는 발해의 특산물로 된장을 꼽고 있다. 어디 그뿐이랴 삼국사기에 신라 신문 왕 3년 왕비를 맞이할 때 납폐품목에 메주가 있었다는 기록을 보면 삼국시대부터 있었던 것 같다. 오래된 역사만큼 나에 대한 기록도 다양하고 많다.

예로부터 나 된장은 다른 맛과 섞어도 제 맛을 내며(단심 丹心), 오랫동안 상하지 않는다 하여 항심(恒心), 기름진 냄새를 제거하여 불심(佛心), 매운맛을 부드럽게 해서 선심(善心), 어

* 신당서 : 1060년 송나라에서 편찬한 당나라(618~907년)의 역사책

떤 음식과도 조화가 된다하여 화심(花心)이라고 '오덕'이라 부르기도 했다.

그런 내가 바다건너 일본에서 들어온 미소된장에게도 밀려 고기 먹을 때 써비스로 나오는 신세로 전락하다니 자존심 상하는 일이다. '굴러온 돌이 박힌 돌을 뺀다.'는 속담처럼 고구려 8,9세기경에 우리나라에서 일본으로 건너간 된장이 '미소된장'이란 이름으로 다시 우리나라에 돌아왔다. 그러면 겸손하게 조상에게 예의를 갖추어야 함에도 자기네 조상과 다름없는 우리를 밀어내고 주인행세를 하다니 참기 힘든 굴욕이다. 어디 미소된장 뿐이랴.

중국의 춘장역시 고려시대까지 거슬러 올라가보면 대략 1,400년 정도에 전파된 것으로 알려져 있다. 옛 고구려와 발해의 땅인 만주지방에서 말을 몰고 다니던 우리 선조들이 콩을 삶아 말안장에 넣고 다니며 수시로 먹었다는 기록이 있는 것을 보면 일본보다 중국에 먼저 전파된 것을 알 수 있다. 이때 말의 체온 37~40도씨에 의해 삶은 콩이 자연 발효된 것이 청

국장의 원조라고 할 수 있다. 헌데 요즘은 낫또라고 일본에서 수입까지 해다 먹으니 이해할 수 없다. 국적을 알 수 없는 음식이 주인행세를 하며 사람들 입맛을 현혹하고 있는 걸 보면 집집마다 장독이 있어 대접받던 옛날이 그립다.

뭐 사람들 말이 입맛도 시대에 따라 변하니 된장인 내가 요즘 식탁에서 밀려나는 건 당연한일 아니냐고 한다. 물론 입맛이 달라지는 걸 탓하는 건 아니다. 건강에 좋은 음식을 먹는다면서 몸에 좋은 우리 땅에서 나는 재료로 만든 음식은 멀리하면서 멀리 바다건너에서 오는 음식을 비싼 돈을 주고 사서 먹는 걸 이해할 수 없을 뿐이다. 뭐 남에 떡이 커 보인다는 속담처럼 무조건 다른 나라에서 온 음식을 모두 좋은 줄 알고 먹는 사람들이 우스울 뿐이다.

그래도 요즘은 웰빙이다 해서 토속음식을 찾는 사람들이 조금씩 늘고 있어 그나마 위로를 받고 있다.

뚝배기보다 장맛이라고, 장맛으로 그 집안에 음식맛을 평가

했던 시절도 있었건만 이젠 음식에 맛을 좌우하는 나 된장과 나의 사촌격인 간장, 고추장도 모두 공장에서 만든 것을 사다 먹거나 국적을 알 수 없는 각종 향신료를 쓰니 내가 설 자리는 점점 줄어들고 있다. 이러다 더 시간이 지나면 행여 어린이들이 "엄마 된장이 뭐야?"하고 나를 모르는 것이 아닐까하는 걱정도 된다,

옛날 집집마다 볕 좋은 날 장독을 닦던 어머니들 모습이 떠오른다. 장독대를 말끔하게 닦고 장독 뚜껑을 열어놓던 그 모습을 이젠 다시 볼 수 없지만, 정갈하던 장독대에 자리 잡고 있었던 시간으로 돌아가고 싶다.

이젠 예전과 다르게 주거형태도 변해 장독대도, 된장을 담그는 집도 보기 힘들다. 하지만 가끔 간장에 숯과 붉은 고추를 담고, 파란하늘을 보며 해바라기하던 시간이 생각난다. 뚝배기에 담겨 팔팔 끓여져 밥상 한 가운데 놓여 가족들의 사랑을 받던 시간들……

난 이제 많은 사람들에게 현실이 아닌 추억이 되어가고 있다. 어린아이들은 내가 고기 먹은 후 공기 밥과 먹는 음식으로 알고 있다. 나도 예전에 주연으로 인기를 얻곤 했는데...... 그건 이제 많은 사람들의 추억으로 기억되고, 추억의 음식으로 사라지고 있다. 그래도 난 조연이 아닌 주연을 꿈꾼다. 혹시 요즘 뜨고 있는 백종원이 나 된장을 주재료는 하는 음식을 텔레비전에 출연하여 만든다면 옛날명성을 찾을 수 있을지.

아님 유명한 누군가가 나 된장을 많이 먹어야 살이 빠지고, 암을 예방한다고 강연이라도 한다면 나에 인기를 다시 찾을 수 있을까?

그것도 아니면 아파트 베란다에 장독대를 만들어 분양한다면 예전처럼 다시 사랑을 받을 수 있을까? 오늘도 난 어찌해야 내 명성을 되찾을 수 있을지 연구 중이다.

고마워요 당근

“아니 두 분이 사시는데 무슨 이삿짐이 이렇게 많아요. 10톤이 넘게”

아이들이 독립을 하며 남편과 둘이 살게 되면서 이사를 하게 되었다. 이사를 하고, 짐을 정리하는 동안 이삿짐센터 직원들이 하는 말에 화가 난

“아니 장롱도 없는 데 무슨 짐이 많다고 그래요.”

하며 한 마디 했다.

공짜로 하는 이사도 아니고, 받을 돈 다 받아놓고 무슨 불평이 많은지, 짜증이 났다. 날짜가 손 없는 날이라고 금액도 두

배로 받아놓고선.

살면서 살을 뺀다고 다이어트를 해본 적이 없다. 결혼 전엔 너무 말랐었고, 결혼 후엔 아이들 낳고 기르느라, 아이가 좀 자란 후엔 직업상(방과 후 과외를 해서 밤늦게 퇴근해 저녁은 늘 10시 이후에 먹었다.)어렵다는 핑계로 안 했다. 그런데 내가 몸이 아닌 짐을 줄이는 살림다이어트를 하게 되었다. 살다 보면 몸만 다이어트가 필요한 게 아니라 마음도, 사람과의 관계도, 사는 집도 다이어트가 필요함을 알게 되었다. 너무 많은 것을 지니고 살다 보면 몸도 마음도 그것들을 정리하고 관리하느라 시간도 빼앗기고 지치기 때문이다.

이사를 한 후 '두 사람이 사는 데 짐이 10톤이나 되냐'는 말이 자꾸 신경이 쓰였다. 그러던 어느 날 며느리가 중고거래 사이트 '당근'을 알려줬다. 필요 없는 물건은 나눔을 하거나 필요한 물건이랑 교환하기 좋은 곳이라면서. 그래서 시작하게 된

'당근'

시작은 기르고 있는 '구피'를 무료 나눔을 하면서부터였다. 앙증맞은 모습이 귀여워 기르기 시작한 물고기'구피'가 번식력이 얼마나 강한지 개체수가 늘어나면서 관리하기가 부담스러웠다. 한데 무료 나눔을 하면서 받는 사람도 나 자신도 좋아하는 사람에게 주었다는 생각에 나름 뿌듯했다. 그러다 첫 손주가 태어나면서 필요한 육아용품들도 당근을 이용해 저렴하게 구입해 사용했다. 경제적으로도 돈을 아낄 수 있어 좋았고, 재활용으로 환경을 보호했다는 자부심까지 갖게 되었다. 그중에서도 제일 좋았던 건 내가 좋아하는 책을, 읽었지만 소장하고 싶었던 책을 저렴한 가격에 살 수 있었던 거다. 또 집안에 사용하지도 않으면서 갖고 있었던 예쁜 찻잔들을 필요한 사람들에게 저렴하게 나눔을 해서 나눔을 받는 사람도, 나 자신도 집안 정리로 짐을 줄일 수 있어 좋았다.

선물 받고 예쁘다고 몇 년 동안 사용하지도 않으면서 자리만 차지하고 있었던 맥주 컵, 12 띠 동물 소주잔, 체중이 늘어나 입지 못했던 코트 등 많은 물건들이 나를 떠나 새 주인을 만났다. 비우고 나니 마음도 집도 가벼워진 것 같았다. 그래서 그런지 요즘 텔레비전을 보면 집 정리 하는 '신박한 정리'가 인기가 있다. 나 자신도 자주 보고 있는 데, 정말 우리가 살면서 필요한 물건보다 너무 많은 것을 쌓아놓고 살고 있음을 알 수 있었다. 사람들마다 좋아하는 것이 다르다 보니 어떤 사람은 옷을, 어떤 사람은 신발을, 어떤 사람은 핸드백을 상상이상으로 많이 갖고 있었다. 지네발도 아니데 그 많은 신발을 신을 수도 없을 텐데 하는 생각이 들었다. 그러는 나는 무얼 많이 갖고 있을까 하고 생각해 보니 내겐 책과 화분이 많다. 학원을 오픈하면서 많은 책을 학원에 갖다 놓았지만 그래도 책에 대한 욕심이 많아 자꾸 책을 사게 된다. 화분도 꽃을 좋아하는 지인들에게 선물로 주고 있지만 줄어들지 않고 있다. 하지만 하루하루 실천하다 보면 언제 다시 집을 옮길지는 모르지만 다음 이사 때는 5톤으로 짐을 줄이려고 노력 중이다.

우리나라에도 오래전부터 '아. 나. 바. 다'운동을 하고 있다. 하지만 아직도 많은 사람들 인식에 '내가 경제력도 있는데 왜 다른 사람이 쓰던 물건을 사서 써'하는 생각이 있는 것 같다. 나른 나라에선 부모님이 사용하던 물건을 눌려받는 걸 굉장히 자랑스러워한다. 하지만 우리에겐 그렇지 않은 것 같다. 새것이 좋은 거라는 인식이 강하다. 오래된 물건은 헌 것이 아니라 사용한 사람에 추억이 깃들어 있는 소중한 물건이라는 인식이 없다.

물건은 그것을 사용하는 사람에 손길과 체취를 닮는다고 본다. 사용하는 사람에 따라 물건에 수명도 좌우되기 때문이다. 또 물건을 사용하는 사람에 따라 소중하게 여겨지기도 하고, 천대받기도 한다. 그러기 때문에 물건은 사용하는 사람 자신이라고 하고 싶다. 단지 환경을 지키고, 돈을 절약하기 위해서가 아니라 사용한 물건에 추억까지도 간직할 수 있기 때문이다. 아껴 쓰고, 나눠 쓰고, 바꿔 쓰고, 다시 쓰면 거리마다 넘쳐

나는 쓰레기 문제도 해결될 것이다.

디자인이 별로라서, 유행이 지났다고 버려지는 냉장고도, 장롱도, 어느 날인가는 누군가에게 사랑을 받았을 곰 인형까지 주인에게 버려져 거리를 떠돌지는 않을 것이다. 어쩜 갖고 있던 물건들이 오랜 시간이 되면 그 가치를 인정받아 보물처럼 될지 누가 알겠는가. 골동품도 오래전엔 누군가에 생활용품이었을 것이다. 그러고 보면 지금 내가 쓰는 물건이 몇 백 년 후엔 박물관에 자리하고 있을지도 모를 일이다.

가끔 궁금해진다. 나를 떠나 새로운 주인을 만난 구피는, 내 예쁜 찻잔들은 새 주인과 어떤 시간을 보내고 있는지, 자신의 일을 성실히 하고 있는지. 떠난 보낸 나를 혹 원망은 하지 않는지.

소비가 미덕이라는 자본주의 이론을 이젠 믿고 싶지 않다. 소비는 과소비를 부추기고, 주변 환경을 쓰레기장으로 만들 뿐이다. 해마다 장마철에 한강철교를 막고 있는 쓰레기들을 보면 “헉” 소리가 나온다. 혹 어느 날 쓰레기 속에 파묻히는 것은 아닌지 하는 무서운 상상과 함께. 그래서 오늘도 난 우리집 구석구석을 살핀다. 나를 떠나 자신을 나보다 더 사용해 줄 새 주인을 찾아갈 물건을 찾아서.

지난 2021년 한 해 동안 당근거래를 통해 재사용한 자원의 가치가 732만 톤의 온실가스를 줄인 효과가 있다고 한다. 나무로 계산하면 5,240만 그루의 소나무를 심은 것과 같다고 하니 당근거래에 동참한 내 자신도 뿌듯하다. 더 많은 사람들이 자신이 가진 것을 나누며 재사용에 동참했으면 하는 바람이다.

김장 대작전

친정 엄마가 해마다 김장을 해줄 때는 몰랐다. 김장에 필요한 양념 살 돈을 드리고, 김장 준비를 다 해 놓으면 잠깐 들러 엄마가 시키는 일을 하고 김장 김치를 갖다 먹었다. 손이 크셔 해마다 배추 100 포기를 넘게 김장을 하셨다. 그러다 건강이 안 좋아지셔 김장을 혼자 하게 되었다. 아버지가 돌아가시면서 남동생 부부가 엄마를 모시고 함께 살게 되면서 나이 어린 올케 보기도 민망하고, 60이 넘은 시누이가 아직도 김장을 담지 못해 친정에 와서 해 간다는 소리도 듣기 싫어 혼자 하게 되었다.

배추 12 포기를 사다 놓고 전날 배추를 절여야 한다는 내 말에 남편은 그러면 너무 짜서 못 먹는다고 아침에 절여서 저녁에 해야 한다고 했다. 이럴 줄 알았으면 친정 엄마가 하실 때 귀담아 들어두었을 걸. 인터넷 검색에도 저녁에 미리 절여야 한다고 했지만 남편이 고집을 부려 아침에 일찍 절여놓고 출근을 했다. 저녁에 퇴근을 해보니 배추는 밭으로 가고 싶은지 아직도 허리를 세우고 절여질 기미가 전혀 보이질 않는다. 무채도 다 썰어놓았고, 양념도 만들어 놓았는데…… 너무 황당해서 고민을 하다가 소금을 더 넣어 버무리기로 한다. 사다 먹을 걸 괜히 시작했다는 후회와 함께.

거실과 주방은 조심을 했음에도 물바다가 되고(우리 아파트는 베란다 확장이라 도무지 어디서 배추를 절여야 할지 난감해 주방에서 씻고 절였다.), 배추 12 포기를 4등분 하니 48쪽 속 배추 12포기를 사다놓고 전날 배추를 절여야 한다는 내 말에 남편은 그러면 너무 짜서 못 먹는다고 아침에 절여서 저녁에 해야 한다고 했다. 이럴 줄 알았으면 친정 엄마가 하실 때

귀담아 들어두었을 걸. 인터넷 검색에도 저녁에 미리 절여야 한다고 했지만 남편이 고집을 부려 아침에 일찍 절여놓고 출근을 했다. 저녁에 퇴근을 해보니 배추는 밭으로 가고 싶은지 아직도 허리를 세우고 절여질 기미가 전혀 보이질 않는다. 무채도 다 썰어놓았고, 양념도 만들어 놓았는데…… 너무 황당해서 고민을 하다가 소금을 더 넣어 버무리기로 한다. 사다 먹을 걸 괜히 시작했다는 후회와 함께.

거실과 주방은 조심을 했음에도 물바다가 되고(우리 아파트는 베란다 확장이라 도무지 어디서 배추를 절여야할지 난감해 주방에서 씻고 절였다.), 배추 12포기를 4등분 하니 48쪽 속을 넣어도 넣어도 끝날 것 같지 않았다. 친정 엄마가 해주실 때는 지인들에게 인심을 쓰며 나누어주곤 했었는데, 하다 보니 배추김치 한쪽도 아껴서 먹어야겠다는 생각이 들었다.

밤 12시가 넘도록 김장을 하고 맛이 있든 없든 먹기로 일단 끝냈다. 하지만 아침에 일어나 보니 덜 절여진 배추김치에서 물이 생겨 넘쳤다. 친정 엄마에게 전화를 걸어 도움을 요청하니 김치 위에다 소금을 조금 더 뿌리라고 했다. 그렇게 우여곡절 끝에 첫 김장을 했다. 맛은 별로 없었지만 그래도 김치 없이 밥을 잘 먹지 못하는 나는 맛있게 1년을 아껴가며 먹었다.

일까지 하면서 김장을 했으니 얼마나 대견스러운가?

친정 엄마가 김장을 해줄 때는 캠핑을 가거나 모임이 있으면 김치 맛있다는 말에

"김치는 제가 가지고 갈게요" 하면서 늘 김치를 책임졌었다. 한데 이제는 전 김장 10 포기 밖에 안 해서 못 가져가요. 김치 담그기가 얼마나 힘든데. 하면서 안 가져간다. 김장을 하면서 몇 날 며칠을 고민하고, 꿈까지 꾸었으면 남편은 내가 무슨 커다란 김치 공장이라도 차리는 줄 알았다고 한다.

이렇게 힘든 김장을 친정 엄마가 평생을 하시면서 결혼한 딸에, 아들에, 한 마을에 혼자 사시는 할머니들까지 챙기셨다고 생각하니 존경스럽다. 김장을 담그는 일은 배추와 무, 대파, 쪽파, 마늘, 생강, 갓을 키우시는 분들의 노고와 김장김치를 더 맛깔스럽게 해주는 각종 젓갈을 만드시는 분들의 수고

가 있어 가능한 것 같다. 그러니 김장을 하는 사람의 수고는 그중의 아주 작은 일에 속하지 않을까 한다. 어느 한 분의 수고가 빠져도 맛난 김장 김치는 완성되지 못할 것이기 때문이다.

해마다 김장철이 되면 배추 가격이 올랐다고 뉴스에 나오면 난 생각한다.

'그래도 커피숍 커피보다는 싸요, 피자보다 싸고, 치킨보다 싸요.'

여름 한 철 뜨거운 태양아래 김장 채소를 농사짓는 농부들에 수고에 가격을 매긴다면 너무 싼 가격일 것이다.

이제 다시 봄이 오고, 계절이 바뀌면 겨우내 쉬고 있던 땅들이 깨어나면서 김장 대작전이 전국에서 계획될 것이다. 김치 공장이 생기고, 홈쇼핑에서 맛난 김치를 팔아도 사랑을 듬뿍 넣은 세상 엄마들의 손맛과 김치 맛을 따라오지 못 하기에 엄마들이 세상에서 사라지기 전에는 김장 담그기는 계속될 것이다.

타샤의 정원을 꿈꾸며

내가 사는 아파트 후문엔 작고 예쁜 꽃밭이 있다. 어느 날 퇴근길에 꽃밭을 발견한 난 '타샤의 정원'이라 이름 지었다. 출.퇴근길에 지나치면서 꽃밭을 가꾸는 예쁜 마음을 가진 사람은 누구일까 궁금해졌다.

내가 사는 곳은 아파트 옆에 논과 밭이 있다. 모내기철엔 개구리울음소리가 들리고, 초록에 어린 모가 누렇게 익어가는 모습을 볼 수 있고, 주말농장을 분양해 주말이면 텃밭에서 채소를 가꾸는 가족들을 볼 수 있어 좋다. 나도 언젠가 주말농장을 분양받아 내가 먹을 채소를 키워봐야지 하는 생각을 갖고 있는 내게 보는 즐거움을 준다. 그런 텃밭에 채소대신 꽃밭을 가꾸는 사람이 있어 지나치는 사람마다 핸드폰 카메라를 들이대며 사진을 찍는다. 그러던 어느 날

산택을 하다 꽃밭을 가꾸는 주인공을 만났다. 은퇴 후 전원주택을 꿈꾸던 노부부께서 아파트에 거주하며 주말농장을 분양받아 그곳에 꽃밭을 가꾸고 있는 것을 알게 되었다. 이제 노부부에 꽃밭은 우리 아파트에 자랑이 되었다. 작은 꽃밭엔 이른 봄부터 시작해 늦은 가을까지 꽃이 쉬지 않고 피운다. 아마도 개화시기에 맞춰 다양한 꽃을 심은 노부부에 수고가 예쁜 꽃을 쉬지 않고 피우고 있는 걸 거다. 어느 날은 지나가다 앉아서 쉬어가라는 것인지 꽃밭 한가운데 예쁜 탁자와 파라솔 의자도 두 개 놓였다. 한 번 앉아서 사진도 찍고, 꽃들을 더 가까이서 보고 싶었지만 용기가 나지 않았다. 아니 어쩜 꽃밭에 물 한번 주지 않은 내가 그곳에 앉아 꽃을 감상하는 것이 꽃밭을 가꾼 노부부에 대한 미안한 마음 때문인지도 모르겠다.

꽃을 좋아한다. 결혼 전엔 마당 넓은 주택에 살아서 꽃을 좋아하는 엄마 덕분에 계절마다 꽃을 보며 살았다. 당연한 줄 알았던 꽃들이 엄마의 수고와 정성이란 걸 아파트 살며 베란다에 꽃을 키우면서 알게 되었다. 그래서 언젠가부터 나도 마당 있는 집에서 살고 싶다고 남편에게 졸라댄다. 전원주택까지는 몰라도 1평이라도 내게 땅이 주어진다면 나도 엄마처럼 예쁜 나만의 꽃을 가꿀 수 있을 텐데 하는 바람과 함께.

한데 아파트 후문 노부부에 꽃밭을 보며 생각을 바꿨다. 꼭 마당이 있어야만 꽃밭을 만들 수 있는 것이 아니라는 걸 깨달았다. 마당에 꽃밭을 가꾸면 우리 가족만 볼 수 있지만 이렇게 많은 사람들이 지나다니는 곳에 꽃밭을 가꾸면 자신뿐만이 아니라 여러 사람과 이런 행복을 공유할 수 있으니 얼마나 좋을까 하는 생각이 들었다.

아침저녁으로 물 조리개를 들고 모자를 둘러쓰고 장화를 신은 모습으로 꽃에 물을 주고, 잡초를 뽑고 있는 노부부에 모습이 꽃보다 더 예쁜 모습으로 내게 보이는 건 나 자신이 꿈꾸는 모습이라서 그런 것 같다.

나이가 들어가면서 그동안 살아온 시간들을 돌아보게 된다. 아이들 키우느라, 일하느라, 경제적 여유가 없어서 주위에 누군가에게 도움을 주어야 한다는 생각을 하지 못하고 살았다. 단지 내가 남에게 피해만 주지 않고 살면 잘 사는 게 아닌가 하는 마음으로만 살았다. 너무도 개인적으로 살아온 것 같아 이젠 남은 시간이라도 이타적인 삶을 살아야 하지 않을까 하며 실천하고 살려고 노력하고 있다. 아파트 후문 꽃밭에 노부부도 자신들을 위해 꽃밭을 가꾸었지만 결과적으론 자신뿐 아니라 아파트 주민 모두에게 기쁨을 주었으니 이런 삶이 이타적 삶이 아닐까 하고 생각한다. 처음부터 누군가에게 보여주려 한 행동은 아니었겠지만 지나가는 누구라도 꽃을 보며 행복해하는 곳을 만들었으니 분명 그 노부부는 꽃보다 더 예쁜 마음을 지니고 사시는 분들일 게다.

꽃과 나무를 보면 몇 년 전부터 '타샤 튜더'가 떠오른다. 전

세계에서 사랑 받는 베스트셀러 동화 작가이자 '비밀의 화원', 과 '소공녀', 백악관의 크리스마스카드 삽화를 그리고 30만평 대지를 화원으로 일구며, 꿈꾸는 대로 살았던 자연주의자. 내 은퇴 후의 삶도 30만 평은 아니지만 3평 땅에서라도 내가 좋아하는 식물을 가꾸고, 그곳에 앉아 별을 보고, 가을이면 풀벌레 소리를 듣고, 여름이면 하늘에서 반짝이는 별들을 보고 싶다. 또 그곳에 앉아 내가 키운 나무, 꽃들과 함께 내가 좋아하는 책을 읽고 싶다. 노부부 꽃밭처럼 작지만 정원이라 부르며 내가 좋아하는 꽃과 나무를 심고 가꾸다 보면 내 마음도 꽃과 나무들처럼 예쁘고 싱그럽게 정화되지 않을까 하는 바람도 가져보고 싶다.

사람은 누구나 살면서 꿈을 꾼다. 언젠가 자신이 꼭 하고 싶은 일을 하고 살고 싶다고. 하지만 그 꿈을 이루고 사는 사람은 얼마나 될까? 혹 이루고 살면서도 욕심 때문에 꿈을 이루었음을 인지하고 못하고 있는 것은 아닐까? 타샤 튜더의 30만

평 정원은 아니지만 노부부의 꽃밭은 30만 평의 정원보다 더 많은 사람들에게 기쁨을 준다. '나도 언젠가 저 노부부처럼 마당이 안 되면 주말농장 텃밭이라도 분양받아 꽃밭을 해봐야지'하는 바람을 갖게 해준다.

집중호우가 쏟아질 거라는 재난문자가 왔다. 행여 호우로 노부부가 열심히 가꾼 예쁜 꽃들이 피워보지도 못하고 떨어지는 건 아닐까 걱정이 된다. 부디 꽃송이 떨 굳이 말고, 부러지지도 말고 비 흠뻑 맞고 싱싱한 모습으로 비 그친 후 예쁜 꽃망울 활짝 피워주었으면 좋겠다.

오늘도 난 우리 집 화분에 물을 주며 타샤의 정원을 꿈꾼다. 햇살도 많이 못 받고, 시원한 바람도 맘껏 맞을 수 없었음에도 예쁜 새싹도 틔워주고, 작은 꽃망울을 열어 꽃을 피워주는 화초들에게 말을 건다.

"얘들아 고마워. 이런 환경에서도 너희들 할 일을 열심히 해줘서."

내게 예쁜 꽃밭을 보게 해 준 노부부에게도 감사한 마음을 전하고 싶다.

“저도 두 분처럼 나만의 꽃밭이 아닌 많은 사람들이 볼 수 있는 꽃밭을 만들게요.”

난 오늘도 나만의 정원을 꿈꾼다.

아니 모든 이들의 정원을 꿈꾼다.

마음만은 30만 평의 타샤의 정원을 꿈꾼다.

명절 소묘

어린 시절 명절 때가 되면 차례를 지내고 난 후 차례 지낸 음식을 손에 들고 다니며 먹는 아이들이 부러웠다. 입에 물면 색소가 빠져 입 주위가 붉게 물들던 사탕, 물렁하고 달콤하던 곶감 등. 나는 명절 때마다 친척들이 많이 모이는 집이 우리 집이었으면 하는 바람도 가졌다. 그래서였을까? 결혼도 남들이 다 꺼리는 장남과 하였다. 여동생도 없으니 시누이가 많으니 자매처럼 지내면 얼마나 좋을까 하는 기대와 함께. 그 기대가 깨지기까지의 시간이 얼마 걸리지 않았지만 그래도 명절 때마다 시댁에서 시어머니와 음식을 만드는 일이 힘들었지만 보람도 있었다. 음식을 만드는 즐거움도 알게 되었고, 음식을 만들다가 시어머님과 함께 마시던 소주 맛도 좋았다. 이젠 시어머님도 돌아가시고 동서도 시누이들도 차례 상이나 제사상을 다 차려야 오거나 아예 오지 않는 경우가 많지만 명절 때가 되면 어린 시절처럼 아직도 설렌다. 할 일이 많아 힘들어도 음식을 준비하는 동안은 설렌다. 어린 시절 먹고 싶던 차례 음식들은 이젠 명절이 아니라도 먹을 싶을 때 마음대로 사 먹을 수 있음에도.

명절 때마다 여행을 떠나는 사람들로 공항은 북새통을 이룬다고 한다. 1년에 몇 번 주부들은 차례준비로 명절 증후군으로 몸살을 앓고, 명절이 지난 후에는 이혼이 는다고 하지만 난 그래도 어린 시절이 그립고 명절이 기대된다.

어머님이 돌아가신 후 남편과 둘이 차례준비를 한다. 함께 장을 보고, 전을 부치고, 어머님 이야기를 하며 음식을 한다.

힘들지만 평소에 하지 않던 음식을 하고, 오랜만에 만나지 못했던 친척을 만나 함께 먹을 생각을 하면 기분이 좋아진다. 외식도 좋지만 누군가를 위해 시간과 노력을 들여 음식을 만든다는 일은 그 사람을 존중하고 생각한다는 의미라 생각한다.

이제는 세상이 변해 음식을 집에서 하는 사람도 드물다. 주문만 하면 차례 음식이 집 앞에 배달이 되니 돈이란 참 편한 것 같다. 차례도 관광지 콘도에 가서 지내고, 어떤 사람은 여행지에서 영상통화로 지낸다고 하니 명절이라 그동안 소원했던 친척을 만나 함께 밥을 먹는 일은 아주 먼 옛날 일이 되어버렸다. 명절이 아니라도 맛있는 음식은 너무 많고, 명절이 아니라도 우린 늘 설빔보다 더 좋은 옷, 예쁜 옷을 입으니 명절을 기다리지 않아도 되나 보다. 그래도 명절 전 후엔 귀성 길, 귀경 길 차량이 빌린다는 방송을 보면 아직도 나처럼 명절을 기다리는 사람이 있는 것 같아 다행이란 생각이 든다.

어린 시절 시외버스를 타고 아버지를 따라 충남 큰아버지댁에 갔던 추억이 있다. 포장되지 않은 길을 덜컹거리며 버스를 타고 가서도 30여분을 걸어갔던 큰집은 힘들어도 좋았다. 반갑게 맞아주던 큰 집 식구들도, 낯설던 마을 풍경도 그저 신기하고 좋았다. 평소에 손이 많이 가서 잘해 먹지 못했던 음식도 명절엔 맛볼 수 있었다. 또 자주 보지 못하던 친척 어른들을 만나 용돈을 받는 것도 신나는 일이었다.

갓 뽑아온 가래떡, 하루 종일 단내를 풍기면 가마솥에서 끓던 엿물, 달달한 식혜, 엿과 함께 먹던 다양한 강정도 명절을 기다리던 이유였다. 그중에서 내가 제일 좋아하던 것은 고모께서 만든 예쁜 모양이 찍힌 다식이었다. 색깔도, 맛도, 찍힌 모양도 다양한 다식을 요즘은 원하면 살 수 있지만 어린 시절 다식은 명절이 아니면 구경조차 할 수 없었다.

이런 추억들을 내 자식도, 손자도 가졌으면 한다. 그러려면 내가 추억을 만들어줘야 할 텐데. 명절이 다가오면 어떤 추억을 만들어 줄까 생각을 한다. 비록 아파트 숲에서 명절을 보내지만 시간이 흐른 후 할머니 음식이 생각나고, 할머니 집에서 보낸 명절을 추억할 수 있는 시간을 만들어 주고 싶다.

요즘 명절에도 아이들은 밀린 공부를 해야 한다면 가족모임에도 참석하지 않는 걸 보면 서글퍼진다. 세상을 살아가는 데 공부가 우선순위인 게 과연 정답인가 하는 궁금증과 함께.

예부터 내려오는 명절엔 다 나름 이유가 있다. 바쁘게 열심히 살다 한 번쯤 쉬어가라는 의미가 아닐까 생각해 본다.

남편과 함께 한 음식을 예쁘게 담아 정리해 놓고 청소를 한다. 아이들을 맞을 생각을 하니 벌써부터 설렌다. 언제까지 이렇게 음식을 할 수 있을지는 모르겠지만 아이들이 내가 만든 음식을 맛있게 먹어줄 때까지 하지 않을까 싶다. 내가 고모가 만들어준 다식 맛을 아직도 기억하고 있는 것처럼, 우리 가족도 내가 만든 음식 맛을 오래도록 기억하였으면 하는 바람도 가져본다.

PART V

산행일기 _관악산을 오르며

누구였을까 처음 이름을 불러준 이는
'악'자가 들어있는 산은
오르는 사람도
산속에 뿌리 내린 나무도, 들꽃도 힘들다

내리는 빗물도 품지 못하는 산 또한
떠나보내야 하는 허망한 시간들을 얼마나 견디었을까
제 몸을 뚫고 뿌리내리는 나무로
곳곳에 훈장처럼 주름을 달고 있는 바위는
뜨겁게 온 몸으로 태양을 받고 있다

특별한 사람들만 산다는 도심에 자리하고 앉아
산을 오르는 사람들의 발자국 소리에
더 단단해진 바위와
그들의 사는 이야기로 짙어져가는 숲

관악산 야간산행 1

1. 산 행지 : 2008년 4월 3일 목요일 관악산 야간산행
2. 코스 : 소공원 – 헬기장 – 관음사 입구(19:35-21:35분 약2시간)

요즘 가만히 귀 기우려 보면 이 곳 저곳서 꽃망울 터지는 소리가 폭죽처럼 들려오고 거리에선 대선주자들의 연설이 우리의 귀를 잠시도 쉴 틈을 주지 않습니다.

오늘로 세 번째 야등, 집을 나서면서부터 마음이 몸보다 먼저 관악산으로 향합니다. 약속장소에 도착하니 해찬솔대장님, 잔잔님, 란수님 먼저와 계시고 뒤이어 이공공이님, 여의도님 도착하시니 오늘 야등은 인원이 적으니 더 친숙해지는 느낌이 드네요.

이공공이님께서 빛그림님 전화로 불러내시어 함께 산행하니 더 반가웠지요.

수패인님은 트럼펫연습으로 모임이 있으셔 뒤풀이에 오신다고 하셔 산행시작……

대장님께서 화요일 번개에 산행지를 개척하시느라 오늘 혼자 산행을 하셨다 말씀하시며 오늘 산행은 인원이 적으니 조금 힘들지만 관음사 쪽으로 가자고 말씀하시니 우리 모두 신났지요. 그쪽이 야경이 더 좋다고 하셨으니……

오늘은 날씨가 좋아 하늘에 별들도 더 반짝반짝 빛을 발하고 뺨을 스치는 바람도 상쾌하게 느껴질 즈음 약수터에 도착 약수 한 모금 마시고 산을 오르니 헬기장에 도착할 때 떨어지는 별똥별, 보기어렵다고 하는데 산행을 하니 이런 행운도 따릅니다.

새로운 길로 들어서니 군 야영장이었는지 아득한 아지트가 있어 그곳에서 간식도 맛있게 먹었습니다.

오늘도 맛있는 회를 떠오신 잔잔님 덕에 회를 맛있게 먹고, 순대, 과일, 유자차까지 마시고 기념촬영하고 멋진 야경도 보고 관음사로 하산하였습니다.

관악산 야간산행 2

1. 산 행 지 : 2008년 4월 17일(목요일) 관악산
2. 산행코스 : 소공원 - 관음사 입구 - 319봉 - 헬기장 - 서정주가(약 2시간30분)

이젠 우리를 유혹하던 벚꽃도 꽃비로 내리고, 그 자리를 라일락이 대신하려고 준비하는 시간. 야간산행 매력에 푹 빠진 우리 님들 한분 두 분 소공원에 도착하셔 정담을 나누십니다.

한 낮 후덥지근하던 날씨도 우리의 산행을 아는지 산행을 하는 내내 시원한 바람이 불어 땀을 시켜주었습니다.

도란도란 이야기꽃을 피우며 산행을 하다 보니 어느덧 헬기장에 도착 맛있는 야식을 먹었습니다.

그 야식과 함께 음식을 싸오신 님 들의 정도 덤으로 느낄 수 있어 행복했고요.

오늘도 관악야등 출석부에 도장 찍으신 잔잔님, 닉처럼 예쁘신 산샘님, 산새미님, 푸근한 인상에 트루젼님, 낭만이 넘치실 것 같은 낭만님, 늘씬한 몸매에 미모를 지니신 숲속에 바람님 관악야간산행 잘 오셨죠?

정상에 올라 도시를 내려다보며 우리 님들의 꿈도 도시의 야경처럼 늘 빛나기를 기원해 봅니다.

주중 업무에 시달린 스트레스를 날리고 사람 사는 이야기로 정을 나눈 해찬솔 대장님의 관악산 야간산행은 봄밤에 싱그러움과 도시에 불빛처럼 행복한 시간이었습니다.

모든 님들 늦은 밤 잘 들어가셨죠? 다음 주에도 다시 뵐 수 있기를 바랍니다.

관악산 야간산행 3

1. 산행일시 : 2008년 4월 24일 목요일 관악산
2. 산행코스 : 사당역 소공원 – 헬기장 – 마당바위 – 서정주가 (약 2시간 30분)

화요일 내린 비로 촉촉하게 젖은 관악산, 조금은 쌀쌀한 날씨가 밤을 가르며 산을 오르는 우리의 마음과 기분을 상쾌하게 하는 목요일 초저녁입니다.

오늘은 목요관악야등에 첫 도장을 찍으신 무한승리님, 바지여님, 블루벨님이 오셔 더 반가웠습니다.

관악산 야간산행에 참석한 님들이 단출해 마치 대장님께서 우리를 위해 관악산을 통째로 계약하신 것 같은 착각이 들었습니다. (종종 만나던 다른 산악회 야등 팀도 오늘은 보기 힘들었습니다.)

그래서 더 좋았지요. 산행을 하는 동안 조금은 무서웠지만, 뺨을 스치는 바람도 산을 오르니 상쾌하게 느껴지고 가쁜 숨을 몰아쉬니 약수터, 헬기장이 눈앞에 보이고, 국기봉에 올라서니 우리가 방금 떠나온 도시의 불빛이 우리를 위해 축제를 열고 있네요.

조금만 부지런하면 이런 호사도 누리고……

다시 마당바위를 향해 산을 오릅니다. 마당바위에 도착해 간식을 먹으니 꿀맛입니다.

대장님이 가져오신 싸오신 복분자술도 정말 맛있었습니다.

오늘 처음오신 무한승리님, 바지여님, 불루벨님 함께한 산행 즐거웠습니다.

관악산 야간산행 4

1. 산행일시 : 2008년5월1일(목요일)관악산
2. 산행코스 : 소공원 - 관음사 - 319봉 - 헬기장 - 서정주가(약 2시간 30분)

오늘은 뒤늦게 꼬리 달고 참석하신 님들이 많아 더 반갑고 좋았습니다. 7개월 아기 떼어 놓고 외출하신 가화님, 오랜만에 뵙는 산이좋아님, 마젤란님, 길목님, 약속지키신 천산수님, 바지여님, 블루벨님 산에서 다도를 느끼게 해주신 후리지아님, 갑자기 나타나셔서 더 더 반가웠던 쟁굼이님, 제가 처음 뵙는

압구정님, 혜미님, 상도동님, 꿈과현실님, 파니님. 바쁜 일상을 접고 오늘 산행에 오신님들의 얼굴은 5월에 신록보다 더 밝고 싱그러웠습니다.

소공원에서 만나 인사를 한 후 인파를 헤치고 시내를 벗어나 산행을 시작했습니다.

그런데 요즘 우리대장님 산행속도가 그야말로 다람쥐가 친구하자고 할 정도로 빠르십니다.

아님 제가 느린 건가요?

산행 초입 가로등 불빛에 모여 다시 닉 소개를 하고 후리지아님의 안내로 몸 풀기를 한 후 산행을 시작했습니다.

가화님 힘들어 하시지만 싱그러운 꽃향기와 풀 향기에 취해 산을 오릅니다. 산을 오르며 보니 우리님들이 비추는 랜턴불빛이 마치 반딧불인 것 같다는 생각을 해봅니다.

야등이라 강한 햇볕은 없지만 그래도 오늘은 날씨가 더워 그런지 얼굴은 땀으로 얼룩지고,

319봉에 이르니 도시의 불빛이 우리를 시원한 바람과 함께

반겨줍니다.

이런 카타르시스를 느끼기 위해 산을 오르는 거겠죠. 또 야간 산행에 묘미는 눈에 보이는 것이 없어 속도가 빠르다는 말을 실감하며 몇 번에 릿지까지 하니 어느덧 헬기장. 가쁘게 몰아쉬던 숨이 남의 일처럼 느껴지네요.

헬기장에 모여 가지고 온 간식을 펼쳐놓고 맛난 음식과 함께 님들의 정도 함께 먹었습니다.

또 후리지아님의 다도는 더 일품이었습니다. 산행에서 누가 이런 국화차를 마셔 보겠어요.

덕분에 오늘은 입과 코가 호강하고, 초여름에 가을을 만끽한 하루였습니다.

서정주가를 거쳐 하산하여 시원한 맥주 한잔에 아쉬운 산행을 마무리할 시간 6산 종주를 끝내고 오신 신나라님, 새로워님, 근깨님, 종이달님이 오셔서 더 즐거운 뒤풀이였습니다.

야간산행은 건강에도 좋지만 이렇게 좋은 님들 만나 살아가는 이야기를 나누는 기쁨도 더 큰 것 같습니다.

늦게까지 함께하신 모든 님들 잘 들어가셨죠? 오늘은 5월에 첫날 우리가 산에서 바라본 도시의 밝은 불빛처럼 5월도 님들 모두 행복하셨으면 좋겠고 다음 산행에도 뵙길 바랍니다.

관악산 야간산행 5

1. 산행일시 : 2008년 5월 8일 목요일
2. 산행코스 : 소공원 - 관음사 - 319봉 - 헬기장 - 서정주가 - 사당역(약2시간)

산을 오르는 일은 마치 우리의 인생과 같다는 생각을 합니다.

오르막길을 오를 때의 고통, 나무가 사열하듯 서서 반기는 산책로 같은 편안한 길, 다시 오르막길, 포기하고 싶은 유혹을 견디고 오른 정상에서의 희열, 가끔 불어 땀을 식혀주는 시원한 바람, 이런 힘듦과 작은 기쁨들이 산을 찾게 만들고, 거기에다 멋진 야경까지 보너스로 볼 수 있다면 그 유혹을 뿌리치기 힘들죠.

오늘도 관악야등에 이끌려 한분 두분 소공원을 찾아오셨습니다.

석가탄신일 관악산행 사전답사 하신 해찬솔대장님, 낮 산행에 참석하셨다 오신 검지님, 관악야등 멤버인 블루벨님, 천산수님, 반가운 여의주님, 귀요미 오드리사랑님, 빨간머리앤님. 짠하고 나타나셔 반가운 트루전님, 여의도님, 꿈과현실님, 세티아님, 코마님, 늦게 뒤풀이에 오신 해피님.

소공원을 출발 관악산 가는 길엔 어버이날임을 알리는 빨간 카네이션 꽃다발과 바구니가 오가는 행인을 향해 손짓했습니다.

“제발 저 좀 데려가 주세요” 하는 간절한 눈빛으로.

빨간 카네션의 빛처럼 우리 님들의 가족과 산을 사랑하는 마음도 더 정열적이고 강하겠죠.

그러니 오늘도 그 이끌림에 끌려 이렇게 잠시나마 도시와 사람을 떠나 산을 오르는 있으니.

어제 내린 비로 산은 그동안의 먼지를 말끔히 씻은 싱그러운 모습과(밤이라 잘 보이진 않았지만)코끝을 자극하는 상쾌함으로 우리를 반겼습니다. 오늘은 대장님이 지난주와 다르게 산행코스를 약간 수정하셔 좁은 숲길이 아닌 평탄한 소로로 안내하셔 더 편안하고 산을 오르는 발걸음이 가벼웠습니다. 숨을 몇 번 가빠하니 벌써 산 중턱입니다.

뒤돌아 도시를 바라보니 우리가 방금 떠나온 도시의 불빛이 빛을 발하며 시원한 바람까지 선물로 보냈습니다.

'아! 좋다.' 이보다 더 좋은 표현은 생각이 나질 않네요.

감탄사를 연발하며 시원한 바람 친구삼아 몇 번 오르락 내리락을 하니 어느덧 헬기장.

가져오신 간식을 펼쳐놓고 대장님이 직접 담으셨다는 복분자술 한 모금으로 목을 축이니 오늘 산행도 비로소 완성이 됩니다. 다시 이어지는 하산 길, 일주일 밀린 이야기를 하며 발걸음 옮기니 벌써 헤어질 시간이 되네요.

되돌아보니 우리가 방금 내려온 관악산이 어둠속에서 의젓

한 모습으로 우리에게 손을 흔듭니다.

늘 산은 그 곳에 있고, 목요일이 되면 다시 만날 수 있지만 헤어지는 시간이 되면 늘 아쉬움이 남는 건 저 만에 생각일까요?

다시 다음 주에 만날 수 있기를 기대하며 오늘도 집을 향해 발걸음을 돌립니다.

관악산 야간산행 6

1. 산행일시 : 2008년5월15일(목)관악산 야간산행
2. 산행코스 : 사당역 소공원-관음사-319봉-헬기장-서정주가-사당역(약 2시간)

오늘은 스승의 날, 관악산 야간산행이 벌써 50회를 맞는 날이다.

하늘바라기대장님, 마루대장님을 시작으로 해찬솔대장님으로 이어지는 관악산 야간산행이 벌써 50회, 조촐한 기념을 하기로 한다.

소공원에 일등으로 도착 시간이 흐르면서 한분 두분 모습이 보이시고, 꼬리 글 달지 않고 오시는 님들도 계셔 더 반갑고 감사하다.

해찬솔대장님이 등극하셔 첫 산행을 시작하신 3월20일은 날씨도 쌀쌀하고 저녁어스름이 짙게 깔렸었다. 하지만 벌써 계절은 초여름 7시30분이라 해도 거리는 아직 어두운 자취가 없고 물러서기 싫은 태양이 마지막 빛을 뿌리고 있다.

거리는 온통 바쁜 걸음으로 약속장소를 향하는 사람들의 행복한 얼굴로 가득하다.

소공원에서 간단한 인사를 한 후 인파를 헤치고 야등이 아닌(아직 어두워지지 않아서) 달맞이 산행을 시작한다.

우리의 마음을 아는지 산행초입부터 아까시 꽃이 꽃망울을 열고 하얀 얼굴로 짙은 향까지 피우며 우리를 반긴다.

살아있음이 이래서 경이롭고 행복한 걸까? 늘 보던 아까시 꽃도 저녁어스름과 함께 보니 더 새롭고 신비롭게 느껴진다.

쌀쌀한 바람을 맞으며 산을 오르니, 우리 뒤편으로 소리 없이 어둠이 내리며 발아래는 멋진 야경이 우리를 향해 손을 흔든다.

오늘은 풍천님께서 우리 님들 모습을 카메라에 담아주시니 야경을 배경삼아 포즈취하고 산행흔적을 담는다.

하루가 다르게 빨라지시는 우리 대장님 몇 번 숨을 고르니 벌써 정상, 님들 싸오신 맛난 음식 한상 차리니 어디에 내놓아도 손색이 없는 뷔페가 되었다.

50회 축하를 위한 수패인님 트럼펫연주 'Gabriel's Oboe', 'Green Green Of Grass Home', '가고파' 3곡을 연속으로 산상 음악회를 열어주셨다.

4050수도권산악회가 아니면 즐길 수 없는 멋진 음악회였다.

아무리 좋은 것도 홀로 하는 것보단 옆에 누군가가 있어야 더 즐겁고 행복하다.

관악산 야간산행 7

1. 산행제목 : 2009년11월5일(목요일)관악산 야간산행
2. 산행코스 : 사당역-관음사 입구-319봉-헬기장-하마바위-마당바위-사당역(약2시간30분)

양수리로 오시게
그까짓 사는 일 한 점 이슬 명예나 지위 다 버리고
그냥 맨 몸으로 오시게
돛단배 물위에 떠서 넌지시 하늘을 누르고
산 그림자 마실 나온 다 저녁답 지나

은구슬 뽀오얗게 사운거리는 감미로운 밤이 오면
강 저편 불빛들 일렬종대로 서서
지나는 나그네 불러 모으는 꿈과 서정의 마을
마흔 해 떠돌이 생활
이제사 제 집 찾은 철없는 탕아같이
남한강과 북한강이 뜨겁게 속살 섞는 두물머리로
갖은 오염과 배신의 거리를 지나
가슴 넉넉히 적셔줄
사랑과 인정이 넘치는 처용의 마을
이제는 양수리로 아주 오시게.

-'양수리로 오시게' 박문재 시

가을황사인지 아님 환경오염으로 인해 스모그 현상인지 관악산을 감싸 안은 뽀얀 안개(?)의 실체가 가을 산을 더 운치 있게 한 목요 관악산 야간산행.

오늘은 대장님을 포함하셔 다섯 분의 남 산우님 들이 오셨습니다.

살다보니 저도 멋진 남성 다섯 분과 함께 산행을 하는 행운도 잡게 되네요.(남 산우님 들은 싫으셨겠지만)

산행인원이 적으니 오랜만에 마당바위까지 산행을 한다는 대장님 말씀에 한 번도 쉬지 않고 마당바위까지 올랐습니다.

흐린 날씨로 인해 별들이 많이 보이지 않았지만 은은하게 비추는 달빛사이로 자태를 드러낸 나무들이 더 고혹적이었습니다.

새벽에 내린 비로 촉촉이 젖은 낙엽들은 향내를 짙게 내뿜고, 후미를 보시겠다고 약속한 쵸이스님은 쉬지 않고 마당바위를 향해 달아나시고, 제가 자꾸 뒤에서 누군가 잡아당기는 것 같아 무섭다고 하니 한강수님께서 뒤에 오시며 랜턴을 환하게 비춰 주셨습니다.(감사드립니다.)

시인 박문재님은 모든 명예 다 버리고 양수리로 오라고 지인을 불렀지만, 저는 모든 근심 버리러 관악산 야간산행에 산우님들 오시라고 초청하고 싶습니다. 혹 근무하시다 예쁜 낙엽

한 장 보시면 타이거가 보낸 초대장이라 여기시어 다음 주에는 더 많은 산우님들 오셨으면 하는 마음을 갖고 산을 오릅니다.

매주 오르는 관악산이지만 오를 때마다 느낌이 다른걸 보면 산도 날씨에 따라 자신의 기분을 다르게 표현하지 않나 생각됩니다.

오늘 목요관악야등을 처음 오신 한강수님 즐거우셨나요?

자주 뵙게 되길 바랍니다.

두 번째 오신 쏙알님 주신 선물 고맙습니다. 자주 뵙게 되어 더 반갑고요. 목요 관악산 야간산행 인연이 길게 이어지길 바라는 마음 가져봅니다. 오랜만에 얼굴 보여주신 주노님 반가웠습니다.

제가 몇 년 만에 뵈어도 닉을 기억했으니 이젠 관악산 야간산행 자주 오시리라 기대해도 되겠지요.

늘 변함없는 쵸이스님 감사드립니다.

변함없이 리딩 하신 해찬솔 대장님 계셔 오늘도 행복한 야간산행 했습니다.

관악산 야간산행 8

1. 산행제목 : 2009년 10월 29일(목)관악산 야간산행
2. 산행코스 : 사당역 소공원-관음사입구-헬기장-하마바위-사당역(약2시간)

모자라는 것은 소리를 내지만 가득 찬 것은 아주 조용하다.
어리석은 자는 물이 반쯤 찬 항아리 같고, 지혜로운 이는 물이 가득 찬 연못과 같다.

-불교경전 부처님 말씀 중

10월에 마지막 목요관악야등.

가을답지 않게 후덥지근한 날씨가 비를 몰고 올 듯

한 날이었습니다.

눈을 들어 바라보는 곳마다 곱게 몸단장한 단풍들이 저마다 한껏 어여쁜 자태를 뽐내고 있으니 일이 손에 잡히지 않고 자꾸만 어디론가 떠나고 싶은건 저만의 기분일까요?

비록 이런저런 사정으로 인해 멀리 떠나지는 못하지만 목요관악야등을 하며 마음을 달래봅니다.

혹 성급한 가을이 느껴보기도 전 훌쩍 떠나지 않기를 바라는 마음과 함께……

오늘도 달빛을 머리에 이고, 우수수 이별을 고하는 나뭇잎 낙하소리를 들으며 산을 올랐습니다.

후덥지근한 날씨 덕에 비 오듯 흐르는 땀은 '가을 맞나?'하는 의심이 들 정도로 덥고, 그래 그런지 헬기장에 오르니 다른 산악회 야등 팀들이 옹기종기 두 팀이나 모여 맛난 음식 나누며 화기 이야기꽃을 피우는 모습이 무척이나 보기 좋았습니다.

오늘은 검은돌님께서 우리 산우님들 위해 특별히 '오징어 탕수육'을 준비해 주셨습니다.

탕수육을 하시는 검은돌님 곁에 침을 삼키며 서있는 산우님들 모습이 어릴 적 엄마가 간식 만드실 때면 혹 이제나 저제나 하며 기다리는 모습이 같았습니다.

어두울까 옆에서 열심히 랜턴을 비춰주신 이파리님, 검은돌님 보조하신 데이비스님 오징어 탕수육만들어 주신 검은돌님 감사드립니다. 무지하게 맛있었습니다.

또 오늘은 해찬솔 대장님 진짜 생일날이셨죠. 음력9월12일.

늘 산우님들 위해 목요관악야등 이끄시는 대장님 진심으로 축하드립니다.

오징어 탕수육에 멋진 야경까지, 그리고 보너스로 관악산 가을바람소리도 가슴에 담아가셨는지요?

산우님들 계셔 행복한 산행하였습니다.

이 가을은 모두에 마음과 몸이 가득 물이 가득 찬 연못과 같아지시길 소망해 봅니다.

다음 주에도 산우님들 뵙기를 기대해 봅니다.

관악산 야간산행 9

1. 산행제목 : 2009년10월22일(목요일)관악산 야간산행

일이 안 풀려 조급해질 때마다 일부러 소리 내어 외친다.

안단테, 안단테.

사소한 일에도 신경이 곤두서고

괜히 화가 날 때마다 일부러 소리 내어 외친다.

안단테, 안단테.

뜻밖의 행운이 찾아왔을 때도,

오랜 기다림 끝에 기대했던 일이 이뤄졌을 때도,

일부러 소리 내어 외친다.

안단테, 안단테.

세상의 한복판을 걸어가고 있는

지금의 내게 해줄 수 있는 최고의 말은,

조금은 느리게, 안단테, 안단테……

–심승현 '파페포포 안단테'중에서

끝날 것 같지 않았던 무더위도 소리 없이 자취를 감추고 어느덧 가을도 깊어 10월도 중순을 훌쩍 넘겼습니다.

오늘은 10월에 생일을 맞으신 때때로님, 헤미님, 해찬솔 대장님의 생일잔치를 산행 후 뒤풀이 겸 하였습니다.

또 한동안 바쁘셔 뜸하셨던 바지여님,삽당령님,바라사랑님,수패인님,영철님께서 짠하고 뒤풀이에 오셔 더 반갑고 좋았습니다.

이렇듯 좋은 사람과의 만남은 시간과 장소에 상관없이 우리를 행복하게 합니다. 자주 보면 물론 더 좋겠지요?

가을산은 우리에게 겸손함을 일깨워줍니다. 여름내 키운 자신의 분신인 열매를 인간에게 아낌없이 내어주고, 마지막 남은 잎사귀 한 잎까지 모두 흙으로 돌려보내니. 욕심 때문에 쓸데없이 많은 것을 껴안고 사는 우리네 삶과는 너무도 다르죠.

오늘도 산을 오르며 다른 분들도 저와 같은 생각을 하지 않았을까 생각해봅니다.

관음사를 거쳐 319봉을 오를 때의 숨 가쁨과 비오 듯 흘러내리던 땀은 319봉에 올라서니 시원한 바람과 멋진 야경으로 우리를 반겨 산을 오를 때의 수고로움을 치하 받은것 같아, 이런 기분 때문에 야간산행을 하지 않을까합니다.

오늘은 생일파티로 인해 산행을 한 번도 쉬지 않고 했음에도 산우님들 한마디 불평도 없이 묵묵히 산을 오릅니다.

시원한 바람과 멋진 도심야경을 보며 한주일의 스트레스 모두 날리셨죠?

하산 후 쭈꾸미 집에서 생일 케익을 자르고, 수패인님의 멋진 연주를 들으며 가을이 깊어진 만큼 트럼펫 소리도 한층 깊어짐을 느꼈습니다.

오랜만에 늦게 오신 바지여님, 바람사랑님 끝까지 함께하지 못해 죄송합니다. 다음엔 꼭 일찍 오세요. 그래야 좋은 시간 더 함께할 수 있으니까요.

10월 생일 맞으신 때때로님, 헤미님, 해찬솔 대장님 진심으로 축하드립니다.

오랜만에 오신 바지여님, 삽당령님, 바람사랑님 이젠 자주 오실 거죠?

산우님들 위해 맛난 복분자 가져오신 바지여님,떡사오신 영철님, 술안주 가져오신 맹가이버님, 예쁜 화분 선물로 주신 헤미님, 사진 봉사 해주신 여의도님 감사드립니다.

처음 목요관악야간 산행에 오신 쑥알님 즐거우셨나요..

다음 주엔 가을이 더 깊어지겠죠.

깊어지는 가을만큼 우리의 마음도 깊어졌으면 하는 소망을 가져봅니다.

관악산 야간산행 10

1. 산행제목 : 2009년 2009년1월22일(목요일)관악산 야간산행
2. 산행코스 : 사당역 - 약수터입구 - 관음사 (약 1시간 30분)

가지 호박 고구마
가을바람에 풍장중이다

생의 촉촉한 물줄기
토막으로 잘려나가고

삶을 지탱해 주던
단단한 뿌리들

바람이 들고
체온이 싸늘해져 왔다.

산다는 것은 비워내고
가벼워져야 하는 일

비워낼수록 바람과 함께
푸르러지는 영혼

박제가 된 몸속에서
피가 돌고 겨드랑이가 간지러워졌다.

–'풍장' 신경희 시

살다보면 몸만 다이어트가 필요한 게 아니라 마음도 다이어트가 필요할 때가 있습니다.

꼭 필요한 것은 깜빡 깜박 잘도 잊어버리면서 왜 우리의 마음과 머리는 잊어버리고 살아야 할 것들은 새록새록 생각이 나게 하는지. 그래서 때론 몸보다 마음이 더 무거워 삶이 힘겨울 때가 있죠.

그런 마음과 몸의 다이어트를 위해 오늘도 사당역 6번 출구에 23분의 산우님들이 모이셨습니다.

특히 오늘은 산샘님께서 막내 초등학교 막내아들까지 데리고 산행을 나왔습니다. 해서 오늘은 우리 산우님들 평균연령이 엄청 어려지는 효과까지.

하지만 잔뜩 흐린 날은 산행을 시작하자마자 비를 뿌리고, 겨울비에 달아났던 감기 다시 돌아오고, 혹 길이 미끄러워 사고가 나지 않을까 약수터를 향하던 발길을 돌려 관음사로 향했습니다. 산우님들 갑자기 관음사경내에 침입(?)혹 초저녁잠에 드신 부처님 깨지는 않으실까 조용조용 기념촬영을 하였습니다.

밤에 고즈넉한 사찰경내에 들어와 보는 것도 아마 우리 산우님들 처음이지 않았나하는 생각입니다.

산행이 짧아 운동은 부족했지만 그래도 반가운 얼굴만나 마음에 다이어트는 되지 않으셨는지요?

가벼운 마음 되셨으니 이번 명절준비도 기분 좋게 하시고 고향 잘 다녀오시기 바랍니다.